Friedrich Nietzsche
Der Antichrist
Fluch auf das Christentum

Friedrich Nietzsche
Der Antichrist
Fluch auf das Christentum

1.Aufl.
Taschenbuch – Literatur - Klassiker
Herausgeber Frank Weber, Marburg
Bibliografische Information der Deutschen Nationalbibliothek:
Die Deutsche Nationalbibliothek verzeichnet diese Publikation in der Deutschen
Nationalbibliografie; detaillierte bibliografische Daten sind im Internet abrufbar über
http://dnb.dnb.de
© 2022 Friedrich Nietzsche
ISBN: 9783756217694
Herstellung und Verlag: BoD – Books on Demand, Norderstedt

Friedrich Nietzsche

Der Antichrist

Fluch auf das Christentum

Inhalt

Vorwort

Dies Buch gehört den wenigsten. Vielleicht lebt selbst noch keiner von ihnen. Es mögen die sein, welche meinen Zarathustra verstehn: wie *dürfte* ich mich mit denen verwechseln, für welche heute schon Ohren wachsen? – Erst das Übermorgen gehört mir. Einige werden posthum geboren.

Die Bedingungen, unter denen man mich versteht und dann *mit Notwendigkeit* versteht – ich kenne sie nur zu genau. Man muß rechtschaffen sein in geistigen Dingen bis zur Härte, um auch nur meinen Ernst, meine Leidenschaft auszuhalten. Man muß geübt sein, auf Bergen zu leben – das erbärmliche Zeitgeschwätz von Politik und Völker-Selbstsucht *unter* sich zu sehn. Man muß gleichgültig geworden sein, man muß nie fragen, ob die Wahrheit nützt, ob sie einem Verhängnis wird... Eine Vorliebe der Stärke für Fragen, zu denen niemand heute den Mut hat; der Mut zum *Verbotenen;* die Vorherbestimmung zum Labyrinth. Eine Erfahrung aus sieben Einsamkeiten. Neue Ohren für neue Musik. Neue Augen für das Fernste. Ein neues Gewissen für bisher stumm gebliebene Wahrheiten. *Und* der Wille zur Ökonomie großen Stils: seine Kraft, seine *Begeisterung* beisammenbehalten... Die Ehrfurcht vor sich; die Liebe zu sich; die unbedingte Freiheit gegen sich...

Wohlan! Das allein sind meine Leser, meine rechten Leser, meine vorherbestimmten Leser: was liegt am *Rest*? – Der Rest ist bloß die Menschheit. – Man muß der Menschheit überlegen sein durch Kraft, durch *Höhe* der Seele – durch Verachtung...

Friedrich Nietzsche

1

– Sehen wir uns ins Gesicht. Wir sind Hyperboreer – wir wissen gut genug, wie abseits wir leben. »Weder zu Lande noch zu Wasser wirst du den Weg zu den Hyperboreern finden«: das hat schon Pindar von uns gewußt. Jenseits des Nordens, des Eises, des Todes – *unser* Leben, *unser* Glück... Wir haben das Glück entdeckt, wir wissen den Weg, wir fanden den Ausgang aus ganzen Jahrtausenden des Labyrinths. Wer fand ihn *sonst*? – Der moderne Mensch etwa? – »Ich weiß nicht aus noch ein; ich bin alles, was nicht aus noch ein weiß« – seufzt der moderne Mensch... An *dieser* Modernität waren wir krank – am faulen Frieden, am feigen Kompromiß, an der ganzen tugendhaften Unsauberkeit des modernen Ja und Nein. Diese Toleranz und *largeur* des

Herzens, die alles »verzeiht«, weil sie alles »begreift«, ist Schirokko für uns. Lieber im Eise leben, als unter modernen Tugenden und andern Südwinden!... Wir waren tapfer genug, wir schonten weder uns noch andere: aber wir wußten lange nicht, *wohin* mit unsrer Tapferkeit. Wir wurden düster, man hieß uns Fatalisten. *Unser* Fatum – das war die Fülle, die Spannung, die Stauung der Kräfte. Wir dürsteten nach Blitz und Taten, wir blieben am fernsten vom Glück der Schwächlinge, von der »Ergebung«... Ein Gewitter war in unsrer Luft, die Natur, die wir sind, verfinsterte sich – *denn wir hatten keinen Weg.* Formel unsres Glücks: ein Ja, ein Nein, eine gerade Linie, ein *Ziel*...

2

Was ist gut? – Alles, was das Gefühl der Macht, den Willen zur Macht, die Macht selbst im Menschen erhöht.

Was ist schlecht? – Alles, was aus der Schwäche stammt.

Was ist Glück? – Das Gefühl davon, daß die Macht *wächst* – daß ein Widerstand überwunden wird.

Nicht Zufriedenheit, sondern mehr Macht; *nicht* Friede überhaupt sondern Krieg; *nicht* Tugend, sondern Tüchtigkeit.

(Tugend im Renaissance-Stile, *virtù,* moralinfreie Tugend)

Die Schwachen und Mißratenen sollen zugrunde gehn: erster Satz *unsrer* Menschenliebe. Und man soll ihnen noch dazu helfen.

Was ist schädlicher als irgendein Laster? – Das Mitleiden der Tat mit allen Mißratnen und Schwachen – das Christentum...

3

Nicht was die Menschheit ablösen soll in der Reihenfolge der Wesen, ist das Problem, das ich hiermit stelle (– der Mensch ist ein *Ende* –): sondern welchen Typus Mensch man *züchten* soll, *wollen* soll, als den höherwertigeren, lebenswürdigeren, zukunftsge-wisseren.

Dieser höherwertigere Typus ist oft genug schon dagewesen: aber als ein Glücksfall, als eine Ausnahme, niemals als *gewollt.* Vielmehr ist *er* gerade am besten gefürchtet worden, er war bisher beinahe *das* Furchtbare – und aus der Furcht heraus wurde der umgekehrte Typus gewollt, gezüchtet, *erreicht:* das Haustier, das Herdentier, das kranke Tier Mensch – der Christ...

4

Die Menschheit stellt *nicht* eine Entwicklung zum Besseren oder Stärkeren oder Höheren dar, in der Weise, wie dies heute geglaubt wird. Der »Fortschritt« ist bloß eine moderne Idee, das heißt eine falsche Idee. Der Europäer von heute bleibt in seinem Werte tief unter dem Europäer der Renaissance; Fortentwicklung ist schlechterdings *nicht* mit irgendwelcher Notwendigkeit Erhöhung, Steigerung, Verstärkung.

In einem andern Sinne gibt es ein fortwährendes Gelingen einzelner Fälle an den verschiedensten Stellen der Erde und aus den verschiedensten Kulturen heraus, mit denen in der Tat sich ein *höherer Typus* darstellt: etwas, das im Verhältnis zur Gesamt-Menschheit eine Art Übermensch ist. Solche Glücksfälle des großen Gelingens waren immer möglich und werden vielleicht immer möglich sein. Und selbst ganze Geschlechter, Stämme, Völker können unter Umständen einen solchen *Treffer* darstellen.

5

Man soll das Christentum nicht schmücken und herausputzen: es hat einen *Todkrieg* gegen diesen *höheren* Typus Mensch gemacht, es hat alle Grundinstinkte dieses Typus in Bann getan, es hat aus diesen Instinkten das Böse, *den* Bösen herausdestilliert – der starke Mensch als der typisch Verwerfliche, der »verworfene Mensch«. Das Christentum hat die Partei alles Schwachen, Niedrigen, Mißratnen genommen, es hat ein Ideal aus dem *Widerspruch* gegen die Erhaltungs-Instinkte des starken Lebens gemacht; es hat die Vernunft selbst der geistig stärksten Naturen verdorben, indem es die obersten Werte der Geistigkeit als sündhaft, als irreführend, als *Versuchungen* empfinden lehrte. Das jammervollste Beispiel: die Verderbnis Pascals, der an die Verderbnis seiner Vernunft durch die Erbsünde glaubte, während sie nur durch sein Christentum verdorben war! –

6

Es ist ein schmerzliches, ein schauerliches Schauspiel, das mir aufgegangen ist: ich zog den Vorhang weg von der *Verdorbenheit* des Menschen. Dies Wort, in meinem Munde, ist wenigstens gegen einen Verdacht geschützt: daß es eine moralische Anklage des Menschen enthält. Es ist – ich möchte es nochmals unterstreichen – *moralinfrei* gemeint: und dies bis zu dem Grade, daß jene Verdorbenheit gerade dort von mir am stärksten empfunden wird, wo man bisher am bewußtesten zur »Tugend«, zur »Göttlichkeit« aspirierte. Ich verstehe Verdorbenheit, man errät es bereits, im Sinne von *décadence:* meine Behauptung ist, daß alle Werte, in denen jetzt die Menschheit ihre oberste Wünschbarkeit zusammenfaßt, *décadence-Werte* sind.

Ich nenne ein Tier, eine Gattung, ein Individuum verdorben, wenn es seine Instinkte verliert, wenn es wählt, wenn es *vorzieht,* was ihm nachteilig ist. Eine Geschichte der »höheren Gefühle«, der »Ideale der Menschheit« – und es ist möglich, daß ich sie erzählen muß – wäre beinahe auch die Erklärung dafür, *weshalb* der Mensch so verdorben ist. Das Leben selbst gilt mir als Instinkt für Wachstum, für Dauer, für Häufung von Kräften, für *Macht:* wo der Wille zur Macht fehlt, gibt es Niedergang. Meine Behauptung ist, daß allen obersten Werten der Menschheit dieser Wille *fehlt* – daß Niedergangs-Werte, *nihilistische* Werte unter den heiligsten Namen die Herrschaft führen.

7

Man nennt das Christentum die Religion des *Mitleidens.* – Das Mitleiden steht im Gegensatz zu den tonischen Affekten, welche die Energie des Lebensgefühls erhöhn: es wirkt depressiv. Man verliert Kraft, wenn man mitleidet. Durch das Mitleiden vermehrt und vervielfältigt sich die Einbuße an Kraft noch, die an sich schon das Leiden dem Leben bringt. Das Leiden selbst wird durch das Mitleiden ansteckend; unter Umständen kann mit ihm eine Gesamt-Einbuße an Leben und Lebens-Energie erreicht werden, die in einem absurden Verhältnis zum Quantum der Ursache steht (– der Fall vom Tode des Nazareners). Das ist der erste Gesichtspunkt; es gibt aber noch einen wichtigeren. Gesetzt, man mißt das Mitleiden nach dem Werte der Reaktionen, die es hervorzubringen pflegt, so erscheint sein lebensgefährlicher Charakter in einem noch viel helleren Lichte. Das Mitleiden kreuzt im ganzen großen das Gesetz der Entwicklung, welches das Gesetz der *Selektion* ist. Es erhält, was zum Untergange reif ist, es wehrt sich zugunsten der Enterbten und Verurteilten des Lebens, es gibt durch die Fülle des Mißratenen aller Art, das es im Leben *festhält,* dem Leben selbst einen düsteren und fragwürdigen Aspekt. Man hat gewagt, das Mitleiden eine Tugend zu nennen (– in jeder *vornehmen* Moral gilt es als Schwäche –); man ist weitergegangen, man hat aus ihm *die* Tugend, den Boden und Ursprung aller Tugenden gemacht – nur freilich, was man stets im Auge behalten muß, vom Gesichtspunkt einer Philosophie aus, welche nihilistisch war, welche die *Verneinung des Lebens* auf ihr Schild schrieb. Schopenhauer war in seinem Recht damit: durch das Mitleid wird das Leben verneint, *verneinungswürdiger* gemacht – Mitleiden ist die *Praxis* des Nihilismus. Nochmals gesagt: dieser depressive und kontagiöse Instinkt kreuzt jene Instinkte, welche auf Erhaltung und Wert-Erhöhung des Lebens aus sind: er ist eben so als *Multiplikator* des Elends wie als *Konservator* alles Elenden ein Hauptwerkzeug zur Steigerung der *décadence* – Mitleiden überredet zum *Nichts!*... Man sagt nicht »Nichts«: man sagt dafür »Jenseits«: oder »Gott«; oder »das *wahre* Leben«; oder Nirvana, Erlösung, Seligkeit... Diese unschuldige Rhetorik aus dem Reich der religiös-moralischen Idiosynkrasie erscheint sofort *viel weniger unschuldig,* wenn man begreift, *welche* Tendenz hier den Mantel sublimer Worte um sich schlägt: die *lebensfeindliche* Tendenz.

Schopenhauer war lebensfeindlich: *deshalb* wurde ihm das Mitleid zur Tugend... Aristoteles sah, wie man weiß, im Mitleiden einen krankhaften und gefährlichen Zustand, dem man gut täte, hier und da durch ein Purgativ beizukommen: er verstand die Tragödie als Purgativ. Vom Instinkte des Lebens aus müßte man in der Tat nach einem Mittel suchen, einer solchen krankhaften und gefährlichen Häufung des Mitleids, wie sie der Fall Schopenhauers (und leider auch unsre gesamte literarische und artistische *décadence* von St. Petersburg bis Paris, von Tolstoi bis Wagner) darstellt, einen Stich zu versetzen: damit sie *platzt*... Nichts ist ungesunder, inmitten unsrer ungesunden Modernität, als das christliche Mitleid. *Hier* Arzt sein, *hier* unerbittlich sein, *hier* das Messer führen – das gehört zu *uns,* das ist *unsre* Art Menschenliebe, damit sind *wir* Philosophen, wir Hyperboreer! – –

8

Es ist notwendig zu sagen, *wen* wir als unsern Gegensatz fühlen – die Theologen und alles, was Theologen-Blut im Leibe hat – unsre ganze Philosophie... Man muß das Verhängnis aus der Nähe gesehn haben, noch besser, man muß es an sich erlebt, man muß an ihm fast zugrunde gegangen sein, um hier keinen Spaß mehr zu verstehen – (die Freigeisterei unsrer Herren Naturforscher und Physiologen ist in meinen Augen ein *Spaß* – ihnen fehlt die Leidenschaft in diesen Dingen, das *Leiden* an ihnen –). Jene Vergiftung reicht viel weiter, als man denkt: ich fand den Theologen-Instinkt des Hochmuts überall wieder, wo man sich heute als »Idealist« fühlt – wo man, vermöge einer höheren Abkunft, ein Recht in Anspruch nimmt, zur Wirklichkeit überlegen und fremd zu blicken... Der Idealist hat, ganz wie der Priester, alle großen Begriffe in der Hand (– und nicht nur in der Hand!), er spielt sie mit einer wohlwollenden Verachtung gegen den »Verstand«, die »Sinne«, die »Ehren«, das »Wohlleben«, die »Wissen-schaft« aus, er sieht dergleichen *unter* sich, wie schädigende und verführerische Kräfte, über denen »der Geist« in reiner Für-sich-heit schwebt – als ob nicht Demut, Keuschheit, Armut, *Heiligkeit* mit einem Wort, dem Leben bisher unsäglich mehr Schaden getan hätten, als irgend-welche Furchtbarkeiten und Laster... Der reine Geist ist die reine Lüge... Solange der Priester noch als eine *höhere* Art Mensch gilt, dieser Verneiner, Verleumder, Vergifter des Lebens von *Beruf,* gibt es keine Antwort auf die Frage: was *ist* Wahrheit? Man *hat* bereits die Wahrheit auf den Kopf gestellt, wenn der bewußte Advokat des Nichts und der Verneinung als Vertreter der »Wahrheit« gilt...

9

Diesem Theologen-Instinkte mache ich den Krieg: ich fand seine Spur überall. Wer Theologen-Blut im Leibe hat, steht von vornherein zu allen Dingen schief und unehrlich. Das Pathos, das sich daraus ent-wickelt, heißt sich *Glaube:* das Auge ein für alle Mal vor sich schließen, um nicht am Aspekt unheilbarer Falschheit zu leiden. Man macht bei sich eine Moral, eine Tugend, eine Heiligkeit aus dieser fehlerhaften Optik zu allen Dingen, man knüpft das gute Gewissen an das *Falsch*-sehen – man fordert, daß keine *andre* Art Optik mehr Wert haben dürfe, nachdem man die eigne mit den Namen »Gott«, »Erlösung«, »Ewigkeit« sakrosankt gemacht hat. Ich grub den Theolo gen-Instinkt noch überall aus: er ist die verbreitetste, die eigentlich *unterirdische* Form der Falschheit, die es auf Erden gibt. Was ein Theologe als wahr empfindet, daß *muß* falsch sein: man hat daran beinahe ein Kriterium der Wahrheit. Es ist sein unterster Selbsterhaltungs-Instinkt, der verbietet, daß die Realität in irgendeinem Punkte zu Ehren oder auch nur zu Worte käme. So weit der Theologen-Einfluß reicht, ist das *Wert-Urteil* auf den Kopf gestellt, sind die Begriffe »wahr« und »falsch« not-wendig umgekehrt: was dem Leben am schädlichsten ist, das heißt hier »wahr«, was es hebt, steigert, bejaht, rechtfertigt und triumphieren macht, das heißt »falsch«... Kommt es vor, daß Theologen durch das

»Gewissen« der Fürsten (*oder* der Völker –)hindurch nach der *Macht* die Hand ausstrecken, zweifeln wir nicht, *was* jedesmal im Grunde sich begibt: der Wille zum Ende, der *nihilistische* Wille will zur Macht...

10

Unter Deutschen versteht man sofort, wenn ich sage, daß die Philosophie durch Theologen-Blut verderbt ist. Der protestantische Pfarrer ist Großvater der deutschen Philosophie, der Protestantismus selbst ihr *peccatum originale*. Definition des Protestantismus: die halbseitige Lähmung des Christentums – *und* der Vernunft... Man hat nur das Wort »Tübinger Stift« auszusprechen, um zu begreifen, *was* die deutsche Philosophie im Grunde ist – eine *hinterlistige* Theologie... Die Schwaben sind die besten Lügner in Deutschland, sie lügen unschuldig... Woher das Frohlocken, das beim Auftreten *Kants* durch die deutsche Gelehrtenwelt ging, die zu drei Vierteln aus Pfarrer- und Lehrer-Söhnen besteht – woher die deutsche Überzeugung, die auch heute noch ihr Echo findet, daß mit Kant eine Wendung zum *Besseren* beginne? Der Theologen-Instinkt im deutschen Gelehrten erriet, *was* nunmehr wieder möglich war... Ein Schleichweg zum alten Ideal stand offen, der Begriff »*wahre* Welt«, der Begriff der Moral als *Essenz* der Welt (– diese zwei bösartigsten Irrtümer, die es gibt!) waren jetzt wieder, dank einer verschmitzt-klugen Skepsis, wenn nicht beweisbar, so doch nicht mehr *widerlegbar*... Die Vernunft, das *Recht* der Vernunft reicht nicht so weit... Man hatte aus der Realität eine »Scheinbarkeit« gemacht; man hatte eine vollkommen *erlogne* Welt, die des Seienden, zur Realität gemacht... Der Erfolg Kants ist bloß ein Theologen-Erfolg: Kant war, gleich Luther, gleich Leibniz, ein Hemmschuh mehr in der an sich nicht taktfesten deutschen Rechtschaffenheit – – –

11

Ein Wort noch gegen Kant als *Moralist*. Eine Tugend muß *unsre* Erfindung sein, *unsre* persönlichste Notwehr und Notdurft: in jedem andern Sinne ist sie bloß eine Gefahr. Was nicht unser Leben bedingt, *schadet* ihm: eine Tugend bloß aus einem Respekts-Gefühle vor dem Begriff »Tugend«, wie Kant es wollte, ist schädlich. Die »Tugend«, die »Pflicht«, das »Gute an sich«, das Gute mit dem Charakter der Unpersönlichkeit und Allgemeingültigkeit – Hirngespinste, in denen sich der Niedergang, die letzte Entkräftigung des Lebens, das Königsberger

Chinesentum ausdrückt. Das Umgekehrte wird von den tiefsten Erhaltungs- und Wachstumsgesetzen geboten: daß jeder sich *seine* Tugend, *seinen* kategorischen Imperativ erfinde. Ein Volk geht zugrunde, wenn es *seine* Pflicht mit dem Pflichtbegriff überhaupt verwechselt. Nichts ruiniert tiefer, innerlicher als jede »unpersönliche« Pflicht, jede Opferung vor dem Moloch der Abstraktion. – Daß man den kategorischen Imperativ Kants nicht als *lebensgefährlich* empfunden hat!... Der Theologen-Instinkt allein nahm ihn in Schutz! – Eine Handlung, zu der der Instinkt des Lebens zwingt, hat in der Lust ihren Beweis, eine *rechte* Handlung zu sein: und jener Nihilist mit christlich-dogmatischen Eingeweiden verstand die Lust als *Einwand...* Was zerstört schneller, als ohne innere Notwendigkeit, ohne eine tief persönliche Wahl, ohne *Lust* arbeiten, denken, fühlen? als Automat der »Pflicht«? Es ist geradezu das *Rezept* zur *décadence,* selbst zum Idiotismus... Kant wurde Idiot. – Und das war der Zeitgenosse *Goethes!* Dies Verhängnis von Spinne galt als der *deutsche* Philosoph – gilt es noch!... Ich hüte mich zu sagen, was ich von den Deutschen denke... Hat Kant nicht in der französischen Revolution den Übergang aus der unorganischen Form des Staats in die *organische* gesehn? Hat er sich nicht gefragt, ob es eine Begebenheit gibt, die gar nicht anders erklärt werden könne als durch eine moralische Anlage der Menschheit, so daß mit ihr, ein für allemal, die »Tendenz der Menschheit zum Guten« *bewiesen* sei? Antwort Kants: »das ist die Revolution.« Der fehlgreifende Instinkt in allem und jedem, die *Widernatur* als Instinkt, die deutsche *décadence* als Philosophie – *das ist Kant!* –

12

Ich nehme ein paar Skeptiker beiseite, den anständigen Typus in der Geschichte der Philosophie: aber der Rest kennt die ersten Forderungen der intellektuellen Rechtschaffenheit nicht. Sie machen es allesamt wie die Weiblein, alle diese großen Schwärmer und Wundertiere – sie halten die »schönen Gefühle« bereits für Argumente, den »gehobenen Busen« für einen Blasebalg der Gottheit, die Überzeugung für ein *Kriterium* der Wahrheit. Zuletzt hat noch Kant, in »deutscher« Unschuld, diese Form der Korruption, diesen Mangel an intellektuellem Gewissen unter dem Begriff »praktische Vernunft« zu verwissenschaftlichen versucht: er erfand eigens eine Vernunft dafür, in welchem Falle man sich nicht um die Vernunft zu kümmern habe, nämlich wenn die Moral, wenn die erhabne Forderung »du sollst« laut wird. Erwägt man, daß bei fast allen Völkern der Philosoph nur die Weiterentwicklung des priesterlichen Typus ist, so überrascht dieses Erbstück des Priesters, die *Falschmünzerei vor sich selbst,* nicht mehr. Wenn man heilige Aufgaben hat, zum Beispiel die Menschen zu bessern, zu retten, zu erlösen – wenn man die Gottheit im Busen trägt, Mundstück jenseitiger Imperative ist, so steht man mit einer solchen Mission bereits außerhalb aller bloß verstandesmäßigen Wertungen – *selbst* schon geheiligt durch eine solche Aufgabe, selbst schon der Typus einer höheren Ordnung!... Was geht einen Priester die *Wissenschaft* an! Er steht zu hoch dafür! – Und der Priester hat bisher *geherrscht! – Er bestimmte* den Begriff »wahr« und »unwahr«!...

13

Unterschätzen wir dies nicht: *wir selbst,* wir freien Geister, sind bereits eine »Umwertung aller Werte«, eine *leibhafte* Kriegs- und Siegserklärung an alle alten Begriffe von »wahr« und »unwahr«.
Die wertvollsten Einsichten werden am spätesten gefunden; aber die wertvollsten Einsichten sind die *Methoden. Alle* Methoden, *alle* Voraussetzungen unsrer jetzigen Wissenschaftlichkeit haben jahrtausendelang die tiefste Verachtung gegen sich gehabt: auf sie hin war man aus dem Verkehre mit »honetten« Menschen ausgeschlossen – man galt als »Feind Gottes«, als Verächter der Wahrheit, als »Besessener«. Als wissenschaftlicher Charakter war man Tschandala... Wir haben das ganze Pathos der Menschheit gegen uns gehabt – ihren Begriff von dem, was Wahrheit sein *soll,* was der Dienst der Wahrheit sein *soll:* jedes »du sollst« war bisher *gegen* uns gerichtet... Unsre Objekte, unsre Praktiken, unsre stille, vorsichtige, mißtrauische Art – alles das schien ihr vollkommen unwürdig und verächtlich. – Zuletzt dürfte man, mit einiger Billigkeit, sich fragen, ob es nicht eigentlich ein *ästhetischer* Geschmack war, was die Menschheit in so langer Blindheit gehalten hat: sie verlangte von der Wahrheit einen *pittoresken* Effekt, sie verlangte insgleichen vom Erkennenden, daß er stark auf die Sinne wirke. Unsre *Bescheidenheit* ging ihr am längsten wider den Geschmack... Oh, wie sie das errieten, diese Truthähne Gottes- –

Wir haben umgelernt. Wir sind in allen Stücken bescheidner geworden. Wir leiten den Menschen nicht mehr vom »Geist«, von der »Gottheit« ab, wir haben ihn unter die Tiere zurückgestellt. Er gilt uns als das stärkste Tier, weil er das listigste ist: eine Folge davon ist seine Geistigkeit. Wir wehren uns andrerseits gegen eine Eitelkeit, die auch hier wieder laut werden möchte: wie als ob der Mensch die große Hinterabsicht der tierischen Entwicklung gewesen sei. Er ist durchaus keine Krone der Schöpfung: jedes Wesen ist, neben ihm, auf einer gleichen Stufe der Vollkommenheit… Und indem wir das behaupten, behaupten wir noch zuviel: der Mensch ist, relativ genommen, das mißratenste Tier, das krankhafteste, das von seinen Instinkten am gefährlichsten abgeirrte – freilich, mit alledem, auch das *interessanteste*! – Was die Tiere betrifft, so hat zuerst Descartes, mit verehrungswürdiger Kühnheit, den Gedanken gewagt, das Tier als *machina* zu verstehn: unsre ganze Physiologie bemüht sich um den Beweis dieses Satzes. Auch stellen wir logischerweise den Menschen nicht beiseite, wie noch Descartes tat: was überhaupt heute vom Menschen begriffen ist, geht genau so weit, als er machinal begriffen ist. Ehedem gab man dem Menschen, als seine Mitgift aus einer höheren Ordnung, den »freien Willen«: heute haben wir ihm selbst den Willen genommen, in dem Sinne, daß darunter kein Vermögen mehr verstanden werden darf. Das alte Wort »Wille« dient nur dazu, eine Resultante zu bezeichnen, eine Art individueller Reaktion, die notwendig auf eine Menge teils widersprechender, teils zusammen-stimmender Reize folgt – der Wille »wirkt« nicht mehr, »bewegt« nicht mehr… Ehemals sah man im Bewußtsein des Menschen, im »Geist«, den Beweis seiner höheren Abkunft, seiner Göttlichkeit; um den Menschen zu *vollenden,* riet man ihm an, nach der Art der Schildkröte die Sinne in sich hineinzuziehn, den Verkehr mit dem Irdischen einzustellen, die sterbliche Hülle abzutun: dann blieb die Hauptsache von ihm zurück, der »reine Geist«. Wir haben uns auch hierüber besser besonnen: das Bewußtwerden, der »Geist«, gilt uns gerade als Symptom einer relativen Unvollkommenheit des Organismus, als ein Versuchen, Tasten, Fehlgreifen, als eine Mühsal, bei der unnötig viel Nervenkraft verbraucht wird, – wir leugnen, daß irgend etwas vollkommen gemacht werden kann, solange es noch bewußt gemacht wird. Der »reine Geist« ist eine reine Dummheit: rechnen wir das Nervensystem und die Sinne ab, die »sterbliche Hülle«, *so verrechnen wir uns* – weiter nichts!…

Weder die Moral noch die Religion berührt sich im Christentume mit irgendeinem Punkte der Wirklichkeit. Lauter imaginäre *Ursachen* (»Gott«, »Seele«, »Ich«, »Geist«, »der freie Wille« – oder auch »der unfreie«): lauter imaginäre *Wirkungen* (»Sünde«, »Erlösung«, »Gnade«, »Strafe«, »Vergebung der Sünde«). Ein Verkehr zwischen imaginären *Wesen* (»Gott«, »Geister«, »Seelen«); eine imaginäre *Natur*wissenschaft (anthropozentrisch; völliger Mangel des Begriffs der natürlichen Ursachen); eine imaginäre *Psychologie* (lauter Selbst-Mißverständnisse, Interpretationen angenehmer oder unangenehmer Allgemeingefühle, zum Beispiel der Zustände des *nervus sympathicus,* mit Hilfe der Zeichensprache religiös-moralischer Idiosynkrasie – »Reue«, »Gewissensbiß«, »Versuchung des Teufels«, »die Nähe Gottes«); eine imaginäre *Teleologie* (»das Reich Gottes«, »das Jüngste Gericht«, »das ewige Leben«). – Diese reine *Fiktions-Welt* unterscheidet sich dadurch sehr zu ihren Ungunsten von der Traumwelt, daß letztere die Wirklichkeit *widerspiegelt,* während *sie* die Wirklichkeit fälscht, entwertet, verneint. Nachdem erst der Begriff »Natur« als Gegenbegriff zu »Gott« erfunden war, mußte »natürlich« das Wort sein für »verwerflich« – jene ganze Fiktions-Welt hat ihre Wurzel im *Haß* gegen das Natürliche (– die Wirklichkeit! –), sie ist der Ausdruck eines tiefen Mißbehagens am Wirklichen... *Aber damit ist alles erklärt.* Wer allein hat Gründe, sich *wegzulügen* aus der Wirklichkeit? Wer an ihr *leidet.* Aber an der Wirklichkeit leiden heißt eine *verunglückte* Wirklichkeit sein... Das Übergewicht der Unlustgefühle über die Lustgefühle ist die *Ursache* ener fiktiven Moral und Religion: ein solches Übergewicht gibt aber die *Formel* ab für *décadence...*

Zu dem gleichen Schlusse nötigt eine Kritik des *christlichen Gottesbegriffs.* – Ein Volk, das noch an sich selbst glaubt, hat auch noch seinen eignen Gott. In ihm verehrt es die Bedingungen, durch die es obenauf ist, seine Tugenden, – es projiziert seine Lust an sich, sein Machtgefühl in ein Wesen, dem man dafür danken kann. Wer reich ist, will abgeben; ein stolzes Volk braucht einen Gott, um zu *opfern...* Religion, innerhalb solcher Voraussetzungen, ist eine Form der Dankbarkeit. Man ist für sich selber dankbar: dazu braucht man einen Gott. – Ein solcher Gott muß nützen und schaden können, muß Freund und Feind sein können – man bewundert ihn im Guten wie im Schlimmen.

Die *widernatürliche* Kastration eines Gottes zu einem Gotte bloß des Guten läge hier außerhalb aller Wünschbarkeit. Man hat den bösen Gott so nötig als den guten: man verdankt ja die eigne Existenz nicht gerade der Toleranz, der Menschenfreundlichkeit... Was läge an einem Gotte, der nicht Zorn, Rache, Neid, Hohn, List, Gewalttat kennte? dem vielleicht nicht einmal die entzückenden *ardeurs* des Siegs und der Vernichtung bekannt wären? Man würde einen solchen Gott nicht verstehn: wozu sollte man ihn haben? – Freilich: wenn ein Volk zugrunde geht; wenn es den Glauben an Zukunft, seine Hoffnung auf Freiheit endgültig schwinden fühlt; wenn ihm die Unterwerfung als erste Nützlichkeit, die Tugenden der Unterworfenen als Erhaltungsbedingungen ins Bewußtsein treten, dann *muß* sich auch sein Gott verändern. Er wird jetzt Duckmäuser, furchtsam, bescheiden, rät zum »Frieden der Seele«, zum Nicht-mehr-hassen, zur Nachsicht, zur »Liebe« selbst gegen Freund und Feind. Er moralisiert beständig, er kriecht in die Höhle jeder Privattugend, wird Gott für jedermann, wird Privatmann, wird Kosmopolit... Ehemals stellte er ein Volk, die Stärke eines Volkes, alles Aggressive und Machtdurstige aus der Seele eines Volkes dar: jetzt ist er bloß noch der gute Gott... In der Tat, es gibt keine andre Alternative für Götter: *entweder* sind sie der Wille zur Macht – und so lange werden sie Volksgötter sein –, *oder* aber die Ohnmacht zur Macht – und dann werden sie notwendig *gut*...

17

Wo in irgendwelcher Form der Wille zur Macht niedergeht, gibt es jedesmal auch einen physiologischen Rückgang, eine *décadence*. Die Gottheit der *décadence,* beschnitten an ihren männlichsten Tugenden und Trieben, wird nunmehr notwendig zum Gott der Physiologisch-Zurückgezogenen, der Schwachen. Sie heißen sich selbst *nicht* die Schwachen, sie heißen sich »die Guten«... Man versteht, ohne daß ein Wink noch not täte, in welchen Augenblicken der Geschichte erst die dualistische Fiktion eines guten und eines bösen Gottes möglich wird. Mit demselben Instinkte, mit dem die Unterworfenen ihren Gott zum »Guten an sich« herunterbringen, streichen sie aus dem Gotte ihrer Überwinder die guten Eigenschaften aus; sie nehmen Rache an ihren Herren, dadurch daß sie deren Gott *verteufeln*. – *Der gute* Gott, ebenso wie der Teufel: beide Ausgeburten der *décadence*. – Wie kann man heute noch der Einfalt christlicher Theologen so viel nachgeben, um mit ihnen zu dekretieren, die Fortentwicklung des Gottesbegriffs vom

»Gotte Israels«, vom Volksgotte zum christlichen Gotte, zum Inbegriff alles Guten, sei ein *Fortschritt*? – Aber selbst Renan tut es. Als ob Renan ein Recht auf Einfalt hätte! Das Gegenteil springt doch in die Augen. Wenn die Voraussetzungen des *aufsteigenden* Lebens, wenn alles Starke, Tapfere, Herrische, Stolze aus dem Gottesbegriffe eliminiert werden, wenn er Schritt für Schritt zum Symbol eines Stabs für Müde, eines Rettungsankers für alle Ertrinkenden heruntersinkt, wenn er Arme-Leute-Gott, Sünder-Gott, Kranken-Gott *par excellence* wird, und das Prädikat »Heiland«, »Erlöser« gleichsam *übrig*bleibt als göttliches Prädikat überhaupt: *wovon* redet eine solche Verwandlung? eine solche *Reduktion* des Göttlichen? – Freilich: »das Reich Gottes« ist damit größer geworden. Ehemals hatte er nur sein Volk, sein »auserwähltes« Volk. Inzwischen ging er, ganz wie sein Volk selber, in die Fremde, auf Wanderschaft, er saß seitdem nirgendswo mehr still: bis er endlich überall heimisch wurde, der große Kosmopolit – bis er »die große Zahl« und die halbe Erde auf seine Seite bekam. Aber der Gott der »großen Zahl«, der Demokrat unter den Göttern, wurde trotzdem kein stolzer Heidengott: er blieb Jude, er blieb der Gott der Winkel, der Gott aller dunklen Ecken und Stellen, aller ungesunden Quartiere der ganzen Welt!... Sein Weltreich ist nach wie vor ein Unterwelts-Reich, ein Hospital, ein *souterrain*-Reich, ein Ghetto-Reich... Und er selbst, so blaß, so schwach, so *décadent*... Selbst die blassesten der Blassen wurden noch über ihn Herr, die Herrn Metaphysiker, die Begriffs-Albinos. Diese spannen so lange um ihn herum, bis er, hypnotisiert durch ihre Bewegungen, selbst Spinne, selbst Metaphysicus wurde. Nunmehr spann er wieder die Welt aus sich heraus – *sub specie Spinozae* –, nunmehr transfigurierte er sich ins immer Dünnere und Blässere, ward »Ideal«, ward »reiner Geist«, ward »*absolutum*«, ward »Ding an sich«... *Verfall eines Gottes:* Gott ward »Ding an sich«...

18

Der christliche Gottesbegriff – Gott als Krankengott, Gott als Spinne, Gott als Geist – ist einer der korruptesten Gottesbegriffe, die auf Erden erreicht worden sind; er stellt vielleicht selbst den Pegel des Tiefstands in der absteigenden Entwicklung des Götter-Typus dar. Gott zum *Widerspruch des Lebens* abgeartet, statt dessen Verklärung und ewiges *Ja* zu sein! In Gott dem Leben, der Natur, dem Willen zum Leben die Feindschaft angesagt! Gott die Formel für jede Verleumdung des

»Diesseits«, für jede Lüge vom »Jenseits«! In Gott das Nichts vergöttlicht, der Wille zum Nichts heilig gesprochen!...

19

Daß die starken Rassen des nördlichen Europa den christlichen Gott nicht von sich gestoßen haben, macht ihrer religiösen Begabung wahrlich keine Ehre – um nicht vom Geschmacke zu reden. Mit einer solchen krankhaften und altersschwachen Ausgeburt der *décadence* hätten sie fertig werden *müssen*. Aber es liegt ein Fluch dafür auf ihnen, daß sie nicht mit ihm fertig geworden sind: sie haben die Krankheit, das Alter, den Widerspruch in alle ihre Instinkte aufgenommen – sie haben seitdem keinen Gott mehr *geschaffen*! Zwei Jahrtausende beinahe und nicht ein einziger neuer Gott! Sondern immer noch und wie zu Recht bestehend, wie ein *ultimatum* und *maximum* der gottbildenden Kraft, des *creator spiritus* im Menschen, dieser erbarmungswürdige Gott des christlichen Monotono-Theismus! Dies hybride Verfalls-Gebilde aus Null, Begriff und Widerspruch, in dem alle *décadence*-Instinkte, alle Feigheiten und Müdigkeiten der Seele ihre Sanktion haben! – –

20

Mit meiner Verurteilung des Christentums möchte ich kein Unrecht gegen eine verwandte Religion begangen haben, die der Zahl der Bekenner nach sogar überwiegt: gegen den *Buddhismus*. Beide gehören als nihilistische Religionen zusammen – sie sind *décadence*-Religionen –, beide sind voneinander in der merkwürdigsten Weise getrennt. Daß man sie jetzt *vergleichen* kann, dafür ist der Kritiker des Christentums den indischen Gelehrten tief dankbar. – Der Buddhismus ist hundertmal realistischer als das Christentum – er hat die Erbschaft des objektiven und kühlen Probleme-Stellens im Leibe, er kommt *nach* einer Hunderte von Jahren dauernden philosophischen Bewegung; der Begriff »Gott« ist bereits abgetan, als er kommt. Der Buddhismus ist die einzige eigentlich *positivistische* Religion, die uns die Geschichte zeigt, auch noch in seiner Erkenntnistheorie (einem strengen Phänomenalismus –), er sagt nicht mehr »*Kampf gegen die Sünde*«, sondern, ganz der Wirklichkeit das Recht gebend, »*Kampf gegen das Leiden*«. Er hat – dies unterscheidet ihn tief vom Christentum – die Selbst-Betrügerei der Moral-Begriffe bereits hinter sich, – er steht, in meiner

Sprache geredet, *jenseits* von Gut und Böse. – Die *zwei* physiologischen Tatsachen, auf denen er ruht und die er ins Auge faßt, sind: *einmal* eine übergroße Reizbarkeit der Sensibilität, welche sich als raffinierte Schmerzfähigkeit ausdrückt, *sodann* eine Übergeistigung, ein allzulanges Leben in Begriffen und logischen Prozeduren, unter dem der Person-Instinkt zum Vorteil des »Unpersönlichen« Schaden genommen hat (– beides Zustände, die wenigstens einige meiner Leser, die »Objektiven«, gleich mir selbst, aus Erfahrung kennen weiden). Auf Grund dieser physiologischen Bedingungen ist eine *Depression* entstanden: gegen diese geht Buddha hygienisch vor. Er wendet dagegen das Leben im Freien an, das Wanderleben; die Mäßigung und die Wahl in der Kost; die Vorsicht gegen alle Spirituosa; die Vorsicht insgleichen gegen alle Affekte, die Galle machen, die das Blut erhitzen; keine *Sorge,* weder für sich, noch für andre. Er fordert Vorstellungen, die entweder Ruhe geben oder erheitern – er erfindet Mittel, die anderen sich abzugewöhnen. Er versteht die Güte, das Gütigsein als gesundheit-fördernd. *Gebet* ist ausgeschlossen, ebenso wie die *Askese;* kein kategorischer Imperativ, kein *Zwang* überhaupt, selbst nicht innerhalb der Klostergemeinschaft (– man kann wieder hinaus –). Das alles wären Mittel, um jene übergroße Reizbarkeit zu verstärken. Eben darum fordert er auch keinen Kampf gegen Andersdenkende; seine Lehre wehrt sich gegen nichts *mehr* als gegen das Gefühl der Rache, der Abneigung, des *ressentiment* (– »nicht durch Feindschaft kommt Feindschaft zu Ende«: der rührende Refrain des ganzen Buddhismus...). Und das mit Recht: gerade diese Affekte wären vollkommen *ungesund* in Hinsicht auf die diätetische Hauptabsicht. Die geistige Ermüdung, die er vorfindet und die sich in einer allzugroßen »Objektivität« (das heißt Schwächung des Individual-Interesses, Verlust an Schwergewicht, an »Egoismus«) ausdrückt, bekämpft er mit einer strengen Zurückführung auch der geistigsten Interessen auf die *Person.* In der Lehre Buddhas wird der Egoismus Pflicht: das »eins ist not«, das »wie kommst *du* vom Leiden los« reguliert und begrenzt die ganze geistige Diät (– man darf sich vielleicht an jenen Athener erinnern, der der reinen »Wissenschaftlichkeit« gleichfalls den Krieg machte, an Sokrates, der den Personal-Egoismus auch im Reich der Probleme zur Moral erhob).

Die Voraussetzung für den Buddhismus ist ein sehr mildes Klima, eine große Sanftmut und Liberalität in den Sitten, *kein* Militarismus; und daß es die höheren und selbstgelehrten Stände sind, in denen die Bewegung ihren Herd hat. Man will die Heiterkeit, die Stille, die Wunschlosigkeit als höchstes Ziel, und man *erreicht* sein Ziel. Der Buddhismus ist keine Religion, in der man bloß auf Vollkommenheit aspiriert: das Vollkommne ist der normale Fall. –

Im Christentume kommen die Instinkte Unterworfner und Unterdrückter in den Vordergrund: es sind die niedersten Stände, die in ihm ihr Heil suchen. Hier wird als *Beschäftigung,* als Mittel gegen die Langeweile die Kasuistik der Sünde, die Selbstkritik, die Gewissens-Inquisition geübt; hier wird der Affekt gegen einen *Mächtigen,* »Gott« genannt, beständig aufrecht erhalten (durch das Gebet); hier gilt das Höchste als unerreichbar, als Geschenk, als »Gnade«. Hier fehlt auch die Öffentlichkeit; der Versteck, der dunkle Raum ist christlich. Hier wird der Leib verachtet, die Hygiene als Sinnlichkeit abgelehnt; die Kirche wehrt sich selbst gegen die Reinlichkeit (– die erste christliche Maßregel nach Vertreibung der Mauren war die Schließung der öffentlichen Bäder, von denen Cordova allein 270 besaß). Christlich ist ein gewisser Sinn der Grausamkeit gegen sich und andre; der Haß gegen die Andersdenkenden; der Wille, zu verfolgen. Düstere und aufregende Vorstellungen sind im Vordergrunde; die höchstbegehrten, mit den höchsten Namen bezeichneten Zustände sind Epilepsoïden; die Diät wird so gewählt, daß sie morbide Erscheinungen begünstigt und die Nerven überreizt. Christlich ist die Todfeindschaft gegen die Herren der Erde, gegen die »Vornehmen« – und zugleich ein versteckter heimlicher Wettbewerb (– man läßt ihnen den »Leib«, man will *nur* die »Seele«...). Christlich ist der Haß gegen den *Geist,* gegen Stolz, Mut, Freiheit, *libertinage* des Geistes; christlich ist der Haß gegen die *Sinne,* gegen die Freuden der Sinne, gegen die Freude überhaupt...

Das Christentum, als es seinen ersten Boden verließ, die niedrigsten Stände, die *Unterwelt* der antiken Welt, als es unter Barbaren-Völkern nach Macht ausging, hatte hier nicht mehr *müde* Menschen zur Voraussetzung, sondern innerlich verwilderte und sich zerreißende – den starken Menschen, aber den mißratnen. Die Unzufriedenheit mit sich, das Leiden an sich ist hier *nicht* wie bei dem Buddhisten eine übermäßige Reizbarkeit und Schmerzfähigkeit, vielmehr umgekehrt ein übermächtiges Verlangen nach Wehe-tun, nach Auslassung der inneren Spannung in feindseligen Handlungen und Vorstellungen. Das Christentum hatte *barbarische* Begriffe und Werte nötig, um über Barbaren Herr zu werden: solche sind das Erstlingsopfer, das Bluttrinken im Abendmahl, die Verachtung des Geistes und der Kultur; die Folterung in allen Formen, sinnlich und unsinnlich; der große Pomp des Kultus. Der Buddhismus ist eine Religion für *späte* Menschen, für gütige, sanfte, übergeistig gewordene Rassen, die zu leicht Schmerz empfinden (- Europa ist noch lange nicht reif für ihn -): er ist eine Rückführung derselben zu Frieden und Heiterkeit, zur Diät im Geistigen, zu einer gewissen Abhärtung im Leiblichen. Das Christentum will über *Raubtiere* Herr werden; sein Mittel ist, sie *krank* zu machen – die Schwächung ist das christliche Rezept zur *Zähmung,* zur »Zivilisation«. Der Buddhismus ist eine Religion für den Schluß und die Müdigkeit der Zivilisation, das Christentum findet sie noch nicht einmal vor – es begründet sie unter Umständen.

23

Der Buddhismus, nochmals gesagt, ist hundertmal kälter, wahrhafter, objektiver. Er hat nicht mehr nötig, sich sein Leiden, seine Schmerzfähigkeit *anständig* zu machen durch die Interpretation der Sünde – er sagt bloß, was er denkt, »ich leide«. Dem Barbaren dagegen ist Leiden an sich nichts Anständiges: er braucht erst eine Auslegung, um es sich einzugestehn, *daß* er leidet (sein Instinkt weist ihn eher auf Verleugnung des Leidens, auf stilles Ertragen hin). Hier war das Wort »Teufel« eine Wohltat: man hatte einen übermächtigen und furchtbaren Feind – man brauchte sich nicht zu schämen, an einem solchen Feind zu leiden. –

Das Christentum hat einige Feinheiten auf dem Grunde, die zum Orient gehören. Vor allem weiß es, daß es an sich ganz gleichgültig ist, ob etwas wahr ist, aber von höchster Wichtigkeit, *sofern* es als wahr geglaubt wird. Die Wahrheit und der *Glaube,* daß etwas wahr sei: zwei ganz auseinanderliegende Interessen-Welten, fast *Gegensatz*-Welten – man kommt zum einen und zum andern auf grundverschiednen Wegen. Hierüber wissend zu sein – das *macht* im Orient beinahe den Weisen: so verstehen es die Brahmanen, so versteht es Plato, so jeder Schüler esoterischer Weisheit. Wenn zum Beispiel ein *Glück* darin liegt, sich von der Sünde erlöst zu glauben, so tut als Voraussetzung dazu *nicht* not, daß der Mensch sündig sei, sondern daß er sich sündig *fühlt.* Wenn aber überhaupt vor allem *Glaube* not tut, so muß man die Vernunft, die Erkenntnis, die Forschung in Mißkredit bringen: der Weg zur Wahrheit wird zum *verbotnen* Weg. – Die starke *Hoffnung* ist ein viel größeres *Stimulans* des Lebens, als irgendein einzelnes wirklich eintretendes Glück. Man muß Leidende durch eine Hoffnung aufrecht erhalten, welcher durch keine Wirklichkeit widersprochen werden kann – welche nicht durch eine Erfüllung *abgetan* wird: eine Jenseits-Hoffnung. (Gerade wegen dieser Fähigkeit, den Unglücklichen hinzu-halten, galt die Hoffnung bei den Griechen als Übel der Übel, als das eigentlich *tückische* Übel: es blieb im Faß des Übels zurück). – Damit *Liebe* möglich ist, muß Gott Person sein; damit die untersten Instinkte mitreden können, muß Gott jung sein. Man hat für die Inbrunst der Weiber einen schönen Heiligen, für die der Männer eine Maria in den Vordergrund zu rücken. Dies unter der Voraussetzung, daß das Christentum auf einem Boden Herr werden will, wo aphrodisische oder Adonis-Kulte den *Begriff* des Kultus bereits bestimmt haben. Die Forderung der *Keuschheit* verstärkt die Vehemenz und Innerlichkeit des religiösen Instinkts – sie macht den Kultus wärmer, schwärmer-ischer, seelenvoller. – Die Liebe ist der Zustand, wo der Mensch die Dinge am meisten so sieht, wie sie *nicht* sind. Die illusorische Kraft ist da auf ihrer Höhe, ebenso die versüßende, die *verklärende* Kraft. Man erträgt in der Liebe mehr als sonst, man duldet alles. Es galt eine Religion zu erfinden, in der geliebt werden kann: damit ist man über das Schlimmste am Leben hinaus – man sieht es gar nicht mehr. – Soviel über die drei christlichen Tugenden Glaube, Liebe, Hoffnung: ich nenne sie die drei christlichen *Klugheiten.* – Der Buddhismus ist zu spät, zu positivistisch dazu, um noch auf diese Weise klug zu sein. –

24

Ich berühre hier nur das Problem der *Entstehung* des Christentums. Der *erste* Satz zu dessen Lösung heißt: das Christentum ist einzig aus dem Boden zu verstehn, aus dem es gewachsen ist – es ist *nicht* eine Gegenbewegung gegen den jüdischen Instinkt, es ist dessen Folge-richtigkeit selbst, ein Schluß weiter in dessen furchteinflößender Logik. In der Formel des Erlösers: »Das Heil kommt von den Juden«. – Der *zweite* Satz heißt: der psychologische Typus des Galiläers ist noch er-kennbar, aber erst in seiner vollständigen Entartung (die zugleich Ver-stümmlung und Überladung mit fremden Zügen ist –) hat er dazu dienen können, wozu er gebraucht worden ist, zum Typus eines *Erlösers* der Menschheit. – Die Juden sind das merkwürdigste Volk der Weltgeschichte, weil sie, vor die Frage von Sein und Nichtsein gestellt, mit einer vollkommen unheimlichen Bewußtheit das Sein *um jeden Preis* vorgezogen haben: dieser Preis war die radikale *Fälschung* aller Natur, aller Natürlichkeit, aller Realität, der ganzen inneren Welt so gut als der äußeren. Sie grenzten sich ab *gegen* alle Bedingungen, unter denen bisher ein Volk leben konnte, leben *durfte;* sie schufen aus sich einen Gegensatz-Begriff zu *natürlichen* Bedingungen – sie haben, der Reihe nach, die Religion, den Kultus, die Moral, die Geschichte, die Psychologie auf eine unheilbare Weise in den *Widerspruch zu deren Natur-Werten* umgedreht. Wir begegnen demselben Phänomene noch einmal und in unsäglich vergrößerten Proportionen, trotzdem nur als Kopie – die christliche Kirche entbehrt, im Vergleich zum »Volk der Heiligen«, jedes Anspruchs auf Originalität. Die Juden sind, ebendamit, das *verhängnisvollste* Volk der Weltgeschichte: in ihrer Nachwirkung haben sie die Menschheit dermaßen falsch gemacht, daß heute noch der Christ antijüdisch fühlen kann, ohne sich als die *letzte jüdische Konsequenz* zu verstehn.

Ich habe in meiner »Genealogie der Moral« zum ersten Male den Gegensatz-Begriff einer *vornehmen* Moral und einer *ressentiment-*Moral psychologisch vorgeführt, letztere *aus dem Nein* gegen die erstere entsprungen: aber dies ist die jüdisch-christliche Moral ganz und gar. Um Nein sagen zu können zu allem, was die *aufsteigende* Bewegung des Lebens, die Wohlgeratenheit, die Macht, die Schönheit, die Selbstbejahung auf Erden darstellt, mußte hier sich der Genie gewordne Instinkt des *ressentiment* eine *andre* Welt erfinden, von wo aus jene *Lebens-Bejahung* als das Böse, als das Verwerfliche an sich erschien. Psychologisch nachgerechnet, ist das jüdische Volk ein Volk der zähesten Lebenskraft, welches, unter unmögliche Bedingungen versetzt, freiwillig, aus der tiefsten Klugheit der Selbsterhaltung, die Partei aller *décadence-*Instinkte nimmt – *nicht* als von ihnen beherrscht, sondern weil es in ihnen eine Macht erriet, mit der man sich *gegen* »die Welt« durchsetzen kann. Die Juden sind das Gegen-stück aller *décadents:* sie haben sie *darstellen* müssen bis zur Illusion, sie haben sich mit einem *non plus ultra* des schauspielerischen Genies, an die Spitze aller *décadence-*Bewegungen zu stellen gewußt (– als Christentum des *Paulus* –), um aus ihnen etwas zu schaffen, das stärker ist als jede *Ja-sagende* Partei des Lebens. Die *décadence* ist, für die im Juden- und Christentum zur Macht verlangende Art von Mensch, eine *priesterliche* Art, nur *Mittel:* diese Art von Mensch hat ein Lebens-

Interesse daran, die Menschheit *krank* zu machen und die Begriffe »gut« und »böse«, »wahr« und »falsch« in einen lebensgefährlichen und weltverleumderischen Sinn umzudrehn. –

25

Die Geschichte Israels ist unschätzbar als typische Geschichte aller *Entnatürlichung* der Natur-Werte: ich deute fünf Tatsachen derselben an. Ursprünglich, vor allem in der Zeit des Königtums, stand auch Israel zu allen Dingen in der *richtigen,* das heißt der natürlichen Beziehung. Sein Javeh war der Ausdruck des Macht-Bewußtseins, der Freude an sich, der Hoffnung auf sich: in ihm erwartete man Sieg und Heil, mit ihm vertraute man der Natur, daß sie gibt, was das Volk nötig hat – vor allem Regen. Javeh ist der Gott Israels und *folglich* Gott der Gerechtig-keit: die Logik jedes Volks, das in Macht ist und ein gutes Gewissen davon hat. Im Fest-Kultus drücken sich diese beiden Seiten der Selbst-bejahung eines Volkes aus: es ist dankbar für die großen Schicksale, durch die es obenauf kam, es ist dankbar im Verhältnis zum Jahres-kreislauf und allem Glück in Viehzucht und Ackerbau. – Dieser Zustand der Dinge blieb noch lange das Ideal, auch als er auf eine traurige Weise abgetan war: die Anarchie im Innern, der Assyrer von außen. Aber das Volk hielt als höchste Wünschbarkeit jene Vision eines Königsfest, der ein guter Soldat und ein strenger Richter ist: vor allem jener typische Prophet (das heißt Kritiker und Satiriker des Augen-blicks) Jesaja. – Aber jede Hoffnung blieb unerfüllt. Der alte Gott *konnte* nichts mehr von dem, was er ehemals konnte. Man hätte ihn fahren lassen sollen. Was geschah? Man *veränderte* seinen Begriff – man *entnatürlichte* seinen Begriff: um diesen Preis hielt man ihn fest. – Javeh der Gott der »Gerechtigkeit« – *nicht mehr* eine Einheit mit Israel, ein Ausdruck des Volks-Selbstgefühls: nur noch ein Gott unter Bedingungen... Sein Begriff wird ein Werkzeug in den Händen priesterlicher Agitatoren, welche alles Glück nunmehr als Lohn, alles Unglück als Strafe für Ungehorsam gegen Gott, für »Sünde« interpre-tieren: jene verlogenste Interpretations-Manier einer angeblich »sitt-lichen Weltordnung«, mit der, ein für allemal, der Naturbegriff »Ursache« und »Wirkung« auf den Kopf gestellt ist. Wenn man erst, mit Lohn und Strafe, die natürliche Kausalität aus der Welt geschafft hat, bedarf man einer *widernatürlichen* Kausalität: der ganze Rest von Unnatur folgt nunmehr. Ein Gott, der *fordert* – an Stelle eines Gottes, der hilft, der Rat schafft, der im Grunde das Wort ist für jede glückliche

Inspiration des Muts und des Selbstvertrauens... Die *Moral* nicht mehr der Ausdruck der Lebens- und Wachstums- Bedingungen eines Volks, nicht mehr sein unterster Instinkt des Lebens, sondern abstrakt geworden, Gegensatz zum Leben geworden – Moral als grundsätzliche Verschlechterung der Phantasie, als »böser Blick« für alle Dinge. *Was* ist jüdische, *was* ist christliche Moral? Der Zufall um seine Unschuld gebracht; das Unglück mit dem Begriff »Sünde« beschmutzt; das Wohlbefinden als Gefahr, als »Versuchung«; das physiologische Übelbefinden mit dem Gewissens-Wurm vergiftet...

26

Der Gottesbegriff gefälscht; der Moralbegriff gefälscht – die jüdische Priesterschaft blieb dabei nicht stehn. Man konnte die ganze *Geschichte* Israels nicht brauchen: fort mit ihr! – Diese Priester haben jenes Wunderwerk von Fälschung zustande gebracht, als deren Dokumente uns ein guter Teil der Bibel vorliegt: sie haben ihre eigne Volks-Vergangenheit mit einem Hohn ohnegleichen gegen jede Überlieferung, gegen jede historische Realität, *ins Religiöse übersetzt,* das heißt, aus ihr einen stupiden Heils-Mecha nismus von Schuld gegen Javeh und Strafe, von Frömmigkeit gegen Javeh und Lohn gemacht. Wir würden diesen schmachvollsten Akt der Geschichts-Fälschung viel schmerzhafter empfinden, wenn uns nicht die *kirchliche* Geschichts-Interpretation von Jahrtausenden fast stumpf für die Forderungen der Rechtschaffenheit *in historicis* gemacht hätte. Und der Kirche sekundierten die Philosophen: die *Lüge* der »sittlichen Weltordnung« geht durch die ganze Entwicklung selbst der neueren Philosophie. Was bedeutet »sittliche Weltordnung«? Daß es, ein für allemal, einen Willen Gottes gibt, was der Mensch zu tun, was er zu lassen habe; daß der Wert eines Volkes, eines einzelnen sich danach bemesse, wie sehr oder wie wenig dem Willen Gottes gehorcht wird; daß in den Schicksalen eines Volkes, eines einzelnen sich der Wille Gottes als *herrschend,* das heißt als strafend und belohnend, je nach dem Grade des Gehorsams, beweist. – Die *Realität* an Stelle dieser erbarmungswürdigen Lüge heißt: eine parasitische Art Mensch, die nur auf Kosten aller gesunden Bildungen des Lebens gedeiht, der *Priester,* mißbraucht den Namen Gottes: er nennt einen Zustand der Gesellschaft, in dem der Priester den Wert der Dinge bestimmt, »das Reich Gottes«; er nennt die Mittel, vermöge deren ein solcher Zustand erreicht oder aufrechterhalten wird, »den Willen Gottes«; er mißt, mit einem kaltblütigen Zynismus, die Völker, die Zeiten, die einzelnen danach ab, ob sie der Priester-Übermacht nützten oder widerstrebten. Man sehe sie am Werk: unter den Händen der jüdischen Priester wurde die *große Zeit* in der Geschichte Israels eine Verfalls-Zeit, das Exil, das lange Unglück verwandelte sich in eine ewige *Strafe* für die große Zeit – eine Zeit, in der der Priester noch nichts war. Sie haben aus den mächtigen, *sehr frei* geratenen Gestalten der Geschichte Israels, je nach Bedürfnis, armselige Ducker und Mucker oder »Gottlose« gemacht, sie haben die Psychologie jedes großen Ereignisses auf die Idioten-Formel »Gehorsam *oder* Ungehorsam gegen Gott« vereinfacht. – Ein Schritt weiter: der »Wille Gottes« (das heißt die Erhaltungs-Bedingungen für die Macht des Priesters) muß *bekannt* sein – zu diesem Zwecke bedarf es einer »Offenbarung«. Auf deutsch: eine große literarische Fälschung wird nötig, eine »heilige Schrift« wird entdeckt – unter allem hieratischen Pomp, mit Bußtagen und Jammergeschrei über die lange »Sünde« wird sie öffentlich gemacht. Der »Wille Gottes« stand längst fest: das ganze Unheil liegt darin, daß man sich der »heiligen Schrift« entfremdet hat... Moses schon war der »Wille Gottes« offenbart... Was war geschehn? Der Priester hatte, mit Strenge, mit Pedanterie, bis auf die großen und kleinen Steuern, die man ihm zu zahlen hatte (– die schmackhaftesten Stücke vom Fleisch nicht zu vergessen: denn der Priester ist ein Beefsteak-Fresser), ein für allemal formuliert, *was er haben will,* »was der Wille Gottes ist«... Von nun an sind alle Dinge des Lebens so geordnet, daß der Priester *überall unentbehrlich* ist; in allen natürlichen Vorkommnissen des Lebens, bei der Geburt, der Ehe, der Krankheit, dem Tode, gar nicht vom »Opfer« (der Mahlzeit) zu reden, erscheint der heilige Parasit, um sie zu *entnatürlichen* – in seiner Sprache: zu »heiligen«... Denn dies muß man begreifen: jede natürliche Sitte, jede natürliche Institution (Staat, Gerichtsordnung, Ehe, Kranken- und Armenpflege), jede vom Instinkt des Lebens eingegebne Forderung, kurz alles, was seinen Wert *in sich* hat, wird durch den Parasitismus des Priesters (oder der »sittlichen Weltordnung«) grundsätzlich wertlos, *wert-widrig* gemacht: es bedarf nachträglich einer Sanktion – eine *wertverleihende* Macht tut not, welche die Natur darin verneint, welche eben damit erst einen Wert *schafft*... Der Priester entwertet, *entheiligt* die Natur: um diesen Preis besteht er überhaupt. – Der Ungehorsam gegen Gott, das heißt gegen den Priester, gegen »das Gesetz«, bekommt nun den Namen »Sünde«; die Mittel, sich wieder »mit Gott zu versöhnen«, sind, wie billig, Mittel, mit denen die Unterwerfung unter den Priester nur noch gründlicher gewährleistet ist: der Priester allein »erlöst«... Psychologisch nachgerechnet, werden in jeder priesterlich organisierten Gesellschaft die »Sünden« unentbehrlich: sie sind die eigentlichen Handhaben der Macht, der Priester *lebt* von den Sünden, er hat nötig, daß »gesündigt« wird... Oberster Satz: »Gott vergibt dem, der Buße tut« – auf deutsch: *der sich dem Priester unterwirft.* –

27

Auf einem dergestalt *falschen* Boden, wo jede Natur, jeder Naturwert, jede *Realität* die tiefsten Instinkte der herrschenden Klasse wider sich hatte, wuchs das *Christentum* auf, eine Todfeindschafts-Form gegen die Realität, die bisher nicht übertroffen worden ist. Das »heilige Volk«, das für alle Dinge nur Priester-Werte, nur Priester-Worte übrig behalten hatte und mit einer Schluß-Folgerichtigkeit, die Furcht einflößen kann, alles, was sonst noch an Macht auf Erden bestand, als »unheilig«, als »Welt«, als »Sünde« von sich abgetrennt hatte – dies Volk brachte für seinen Instinkt eine letzte Formel hervor, die logisch war bis zur Selbstverneinung: es verneinte, als *Christentum,* noch die letzte Form der Realität, das »heilige Volk«, das »Volk der Ausgewählten«, die *jüdische* Realität selbst. Der Fall ist ersten Rangs: die kleine aufständische Bewegung, die auf den Namen des Jesus von Nazareth getauft wird, ist der jüdische Instinkt *noch einmal* – anders gesagt, der Priester-Instinkt, der den Priester als Realität nicht mehr verträgt, die Erfindung einer noch *abgezogneren* Daseinsform, einer noch *unrealeren* Vision der Welt, als sie die Organisation einer Kirche bedingt. Das Christentum *verneint* die Kirche...
Ich sehe nicht ab, wogegen der Aufstand gerichtet war, als dessen Urheber Jesus verstanden oder *mißverstanden* worden ist, wenn es nicht der Aufstand gegen die jüdische Kirche war – »Kirche« genau in dem Sinn genommen, in dem wir heute das Wort nehmen. Es war ein Aufstand gegen »die Guten und Gerechten«, gegen »die Heiligen Israels«, gegen die Hierarchie der Gesellschaft – *nicht* gegen deren Verderbnis, sondern gegen die Kaste, das Privilegium, die Ordnung, die Formel; es war der *Unglaube* an die »höheren Menschen«, das *Nein* gesprochen gegen alles, was Priester und Theologe war. Aber die Hierarchie, die damit, wenn auch nur für einen Augenblick, in Frage gestellt wurde, war der Pfahlbau, auf dem das jüdische Volk, mitten im »Wasser«, überhaupt noch fortbestand – die mühsam errungene *letzte* Möglichkeit, übrigzubleiben, das Residuum seiner politischen Sonder-Existenz: ein Angriff auf sie war ein Angriff auf den tiefsten

Volks-Instinkt, auf den zähesten Volks-Lebenswillen, der je auf Erden dagewesen ist. Dieser heilige Anarchist, der das niedere Volk, die Ausgestoßnen und »Sünder«, die *Tschandala* innerhalb des Judentums zum Widerspruch gegen die herrschende Ordnung aufrief – mit einer Sprache, falls den Evangelien zu trauen wäre, die auch heute noch nach Sibirien führen würde, war ein politischer Verbrecher, so weit eben politische Verbrecher in einer *absurd-unpolitischen* Gemeinschaft möglich waren. Dies brachte ihn ans Kreuz: der Beweis dafür ist die Aufschrift des Kreuzes. Er starb für *seine* Schuld – es fehlt jeder Grund dafür, so oft es auch behauptet worden ist, daß er für die Schuld andrer starb. –

28

Eine vollkommen andre Frage ist es, ob er einen solchen Gegensatz überhaupt im Bewußtsein hatte – ob er nicht bloß als dieser Gegensatz *empfunden* wurde. Und hier erst berühre ich das Problem der *Psychologie des Erlösers.* – Ich bekenne, daß ich wenige Bücher mit solchen Schwierigkeiten lese wie die Evangelien. Diese Schwierigkeiten sind andre als die, an deren Nachweis die gelehrte Neugierde des deutschen Geistes einen ihrer unvergeßlichsten Triumphe gefeiert hat. Die Zeit ist fern, wo auch ich, gleich jedem jungen Gelehrten, mit der klugen Langsamkeit eines raffinierten Philologen das Werk des unvergleichlichen Strauß auskostete. Damals war ich zwanzig Jahre alt: jetzt bin ich zu ernst dafür. Was gehen mich die Widersprüche der »Überlieferung« an? Wie kann man Heiligen-Legenden überhaupt »Überlieferung« nennen! Die Geschichten von Heiligen sind die zweideutigste Literatur, die es überhaupt gibt: auf sie die wissenschaftliche Methode anwenden, *wenn sonst keine Urkunden vorliegen,* scheint mir von vornherein verurteilt – bloß gelehrter Müßiggang...

29

Was *mich* angeht, ist der psychologische Typus des Erlösers. Derselbe *könnte* ja in den Evangelien enthalten sein trotz den Evangelien, wie sehr auch immer verstümmelt oder mit fremden Zügen überladen: wie der des Franziskus von Assisi in seinen Legenden erhalten ist trotz seinen Legenden. *Nicht* die Wahrheit darüber, was er getan, was er gesagt, wie er eigentlich gestorben ist: sondern die Frage, *ob* sein Typus überhaupt noch vorstellbar, ob er »überliefert« ist? – Die

Versuche, die ich kenne, aus den Evangelien sogar die *Geschichte* einer »Seele« herauszulesen, scheinen mir Beweise einer verabscheuungswürdigen psychologischen Leichtfertigkeit. Herr Renan, dieser Hanswurst *in psychologicis,* hat die zwei *ungehörigsten* Begriffe zu seiner Erklärung des Typus Jesus hinzugebracht, die es hierfür geben kann: den Begriff *Genie* und den Begriff *Held (»héros«).* Aber wenn irgend etwas unevangelisch ist, so ist es der Begriff Held. Gerade der Gegensatz zu allem Ringen, zu allem Sich-in-Kampf-fühlen ist hier Instinkt geworden: die Unfähigkeit zum Widerstand wird hier Moral (»widerstehe nicht dem Bösen!« das tiefste Wort der Evangelien, ihr Schlüssel in gewissem Sinne), die Seligkeit im Frieden, in der Sanftmut, im Nichts-feind-sein-*können.* Was heißt »frohe Botschaft«? Das wahre Leben, das ewige Leben ist gefunden, – es wird nicht verheißen, es ist da, es ist *in euch:* als Leben in der Liebe, in der Liebe ohne Abzug und Ausschluß, ohne Distanz. Jeder ist das Kind Gottes – Jesus nimmt durchaus nichts für sich allein in Anspruch –, als Kind Gottes ist jeder mit jedem gleich... Aus Jesus einen *Helden* machen! – Und was für ein Mißverständnis ist gar das Wort »Genie«! Unser ganzer Begriff, unser Kultur-Begriff »Geist« hat in der Welt, in der Jesus lebt, gar keinen Sinn. Mit der Strenge des Physiologen gesprochen, wäre hier ein ganz andres Wort eher noch am Platz: das Wort Idiot. Wir kennen einen Zustand krankhafter Reizbarkeit des *Tastsinns,* der dann vor jeder Berührung, vor jedem Anfassen eines festen Gegenstandes zurückschaudert. Man übersetze sich einen solchen physiologischen *habitus* in seine letzte Logik – als Instinkt-Haß gegen *jede* Realität, als Flucht ins »Unfaßliche«, ins »Unbegreifliche«, als Widerwille gegen jede Formel, jeden Zeit- und Raumbegriff, gegen alles, was fest, Sitte, Institution, Kirche ist, als Zu-Hause-sein in einer Welt, an die keine Art Realität mehr rührt, einer bloß noch »inneren« Welt, einer »wahren« Welt, einer »ewigen« Welt... »Das Reich Gottes *ist in euch«*...

30

Der *Instinkt-Haß gegen die Realität:* Folge einer extremen Leid- und Reizfähigkeit, welche überhaupt nicht mehr »berührt« werden will, weil sie jede Berührung zu tief empfindet.

Die Instinkt-Ausschließung aller Abneigung, aller Feindschaft, aller Grenzen und Distanzen im Gefühl: Folge einer extremen Leid- und Reizfähigkeit, welche jedes Widerstreben, Widerstreben-müssen bereits als unerträgliche *Unlust* (das heißt als *schädlich,* als vom Selbsterhaltungs-Instinkte *widerraten)* empfindet und die Seligkeit (die Lust) allein darin kennt, nicht mehr, niemandem mehr, weder dem Übel noch dem Bösen, Widerstand zu leisten – die Liebe als einzige, als *letzte* Lebens-Möglichkeit...

Dies sind die *zwei physiologischen Realitäten,* auf denen, aus denen die Erlösungs-Lehre gewachsen ist. Ich nenne sie eine sublime Weiter-Entwicklung des Hedonismus auf durchaus morbider Grundlage. Nächstverwandt, wenn auch mit einem großen Zuschuß von griechischer Vitalität und Nervenkraft, bleibt ihr der Epikureismus, die Erlösungs-Lehre des Heidentums. Epikur ein *typischer décadent:* zuerst von mir als solcher erkannt. – Die Furcht vor Schmerz, selbst vor dem Unendlich-Kleinen im Schmerz – sie *kann* gar nicht anders enden als in einer *Religion der Liebe...*

31

Ich habe meine Antwort auf das Problem vorweg gegeben. Die Voraussetzung für sie ist, daß der Typus des Erlösers uns nur in einer starken Entstellung erhalten ist. Diese Entstellung hat an sich viel Wahrscheinlichkeit: ein solcher Typus konnte aus mehreren Gründen nicht rein, nicht ganz, nicht frei von Zutaten bleiben. Es muß sowohl das Milieu, in dem sich diese fremde Gestalt bewegte, Spuren an ihm hinterlassen haben, als noch mehr die Geschichte, das *Schicksal* der ersten christlichen Gemeinde: aus ihm wurde, rückwirkend, der Typus mit Zügen bereichert, die erst aus dem Kriege und zu Zwecken der Propaganda verständlich werden. Jene seltsame und kranke Welt, in die uns die Evangelien einführen – eine Welt, wie aus einem russischen Romane, in der sich Auswurf der Gesellschaft, Nervenleiden und »kindliches« Idiotentum ein Stelldichein zu geben scheinen – muß unter allen Umständen den Typus *vergröbert* haben: die ersten Jünger insonderheit übersetzten ein ganz in Symbolen und Unfaßlichkeiten schwimmendes Sein erst in die eigne Krudität, um überhaupt etwas davon zu verstehn, – für sie war der Typus erst nach einer Einformung in bekanntere Formen *vorhanden*... Der Prophet, der Messias, der zukünftige Richter, der Morallehrer, der Wundermann, Johannes der Täufer – ebensoviele Gelegenheiten, den Typus zu verkennen... Unterschätzen wir endlich das *proprium* aller großen, namentlich sektiererischen Verehrung nicht: sie löscht die originalen, oft peinlich-fremden Züge und Idiosynkrasien an dem verehrten Wesen aus – *sie sieht sie selbst nicht.* Man hätte zu bedauern, daß nicht ein

Dostojewskij in der Nähe dieses interessantesten *décadent* gelebt hat, ich meine, jemand, der gerade den ergreifenden Reiz einer solchen Mischung von Sublimem, Krankem und Kindlichem zu empfinden wußte. Ein letzter Gesichtspunkt: der Typus *könnte* als *décadence*-Typus, tatsächlich von einer eigentümlichen Vielheit und Widersprüchlichkeit gewesen sein: eine solche Möglichkeit ist nicht völlig auszuschließen. Trotzdem rät alles ab von ihr: gerade die Überlieferung würde für diesen Fall eine merkwürdig treue und objektive sein müssen: wovon wir Gründe haben das Gegenteil anzunehmen. Einstweilen klafft ein Widerspruch zwischen dem Berg-, See- und Wiesenprediger, dessen Erscheinung wie ein Buddha auf einem sehr wenig indischen Boden anmutet, und jenem Fanatiker des Angriffs, dem Theologen- und Priester-Todfeind, den Renans Bosheit als »*le grand maître en ironie*« verherrlicht hat. Ich selber zweifle nicht daran, daß das reichliche Maß Galle (und selbst von *esprit*) erst aus dem erregten Zustand der christlichen Propaganda auf den Typus des Meisters übergeflossen ist: man kennt ja reichlich die Unbedenklichkeit aller Sektierer, aus ihrem Meister sich ihre *Apologie* zurecht zu machen. Als die erste Gemeinde einen richtenden, hadernden, zürnenden, bösartig spitzfindigen Theologen nötig hatte, *gegen* Theologen, *schuf* sie sich ihren »Gott« nach ihrem Bedürfnisse: wie sie ihm auch jene völlig unevangelischen Begriffe, die sie jetzt nicht entbehren konnte, »Wiederkunft«, »Jüngstes Gericht«, jede Art zeitlicher Erwartung und Verheißung, ohne Zögern in den Mund gab. –

32

Ich wehre mich, nochmals gesagt, dagegen, daß man den Fanatiker in den Typus des Erlösers einträgt: das Wort *impérieux,* das Renan gebrauchte, *annulliert* allein schon den Typus. Die »gute Botschaft« ist eben, daß es keine Gegensätze mehr gibt; das Himmelreich gehört den *Kindern;* der Glaube, der hier laut wird, ist kein erkämpfter Glaube – er ist da, er ist von Anfang, er ist gleichsam eine ins Geistige zurücktretende Kindlichkeit. Der Fall der verzögerten und im Organismus unausgebildeten Pubertät, als Folgeerscheinung der Degenereszenz, ist wenigstens den Physiologen vertraut. – Ein solcher Glaube zürnt nicht, tadelt nicht, wehrt sich nicht: er bringt nicht »das Schwert« – er ahnt gar nicht, inwiefern er einmal trennen könnte. Er beweist sich nicht, weder durch Wunder, noch durch Lohn und Verheißung, noch gar »durch die Schrift«: er selbst ist jeden Augenblick sein Wunder, sein Lohn, sein Beweis, sein »Reich Gottes«. Dieser Glaube formuliert sich auch nicht – er *lebt,* er wehrt sich gegen Formeln. Freilich bestimmt der Zufall der Umgebung, der Sprache, der Vorbildung einen gewissen Kreis von Begriffen: das erste Christentum handhabt *nur* jüdischsemitische Begriffe (– das Essen und Trinken beim Abendmahl gehört dahin, jener von der Kirche, wie alles Jüdische, so schlimm mißbrauchte Begriff). Aber man hüte sich, darin mehr als eine Zeichenrede, eine Semiotik, eine Gelegenheit zu Gleichnissen zu sehn. Gerade, daß kein Wort wörtlich genommen wird, ist diesem Anti-Realisten die Vorbedingung, um überhaupt reden zu können. Unter Indern würde er sich der Sânkhyam-Begriffe, unter Chinesen der des Laotse bedient haben – und keinen Unterschied dabei fühlen. – Man könnte, mit einiger Toleranz im Ausdruck, Jesus einen »freien Geist« nennen – er macht sich aus allem Festen nichts: das Wort *tötet,* alles, was fest ist, *tötet.* Der Begriff, die *Erfahrung* »Leben«, wie er sie allein kennt, widerstrebt bei ihm jeder Art Wort, Formel, Gesetz, Glaube, Dogma. Er redet bloß vom Innersten: »Leben« oder »Wahrheit« oder »Licht« ist sein Wort für das Innerste – alles Übrige, die ganze Realität, die ganze Natur, die Sprache selbst, hat für ihn bloß den Wert eines Zeichens, eines Gleichnisses. – Man darf sich an dieser Stelle durchaus nicht vergreifen, so groß auch die Verführung ist, welche im christlichen, will sagen *kirchlichen* Vorurteil liegt: ein solcher Symbolist *par excellence* steht außerhalb aller Religion, aller Kult-Begriffe, aller Historie, aller Naturwissenschaft, aller Welt-Erfahrung, aller Kenntnisse, aller Politik, aller Psychologie, aller Bücher, aller Kunst – sein »Wissen« ist eben die *reine Torheit* darüber, *daß* es etwas dergleichen gibt. Die *Kultur* ist ihm nicht einmal vom Hörensagen bekannt, er hat keinen Kampf gegen sie nötig – er verneint sie nicht… Dasselbe gilt vom *Staat,* von der ganzen bürgerlichen Ordnung und Gesellschaft, von der *Arbeit,* vom Kriege – er hat nie einen Grund gehabt, »die Welt« zu verneinen, er hat den kirchlichen Begriff »Welt« nie geahnt… Das *Verneinen* ist eben das ihm ganz Unmögliche –. Insgleichen fehlt die Dialektik, es fehlt die Vorstellung davon, daß ein Glaube, eine »Wahrheit« durch Gründe bewiesen werden könnte (– *seine* Beweise sind innere »Lichter«, innere Lustgefühle und Selbstbejahungen, lauter »Beweise der Kraft« –). Eine solche Lehre *kann* auch nicht widersprechen: sie begreift gar nicht, daß es andre Lehren gibt, geben *kann,* sie weiß sich ein gegenteiliges Urteilen gar nicht vorzustellen… Wo sie es antrifft, wird sie aus innerstem Mitgefühle über »Blindheit« trauern – denn sie sieht das »Licht« –, aber keinen Einwand machen…

In der ganzen Psychologie des »Evangeliums« fehlt der Begriff Schuld und Strafe; insgleichen der Begriff Lohn. Die »Sünde«, jedwedes Distanz-Verhältnis zwischen Gott und Mensch ist abgeschafft – *eben das ist die* »*frohe Botschaft*«. Die Seligkeit wird nicht verheißen, sie wird nicht an Bedingungen geknüpft: sie ist die *einzige* Realität – der Rest ist Zeichen, um von ihr zu reden...

Die *Folge* eines solchen Zustandes projiziert sich in eine neue *Praktik,* die eigentlich evangelische Praktik. Nicht ein »Glaube« unterscheidet den Christen: der Christ handelt, er unterscheidet sich durch ein *andres* Handeln. Daß er dem, der böse gegen ihn ist, weder durch Wort, noch im Herzen Widerstand leistet. Daß er keinen Unterschied zwischen Fremden und Einheimischen, zwischen Juden und Nicht-Juden macht (»der Nächste« eigentlich der Glaubensgenosse, der Jude). Daß er sich gegen niemanden erzürnt, niemanden geringschätzt. Daß er sich bei Gerichtshöfen weder sehn läßt, noch in Anspruch nehmen läßt (»nicht schwören«). Daß er sich unter keinen Umständen, auch nicht im Falle bewiesener Untreue des Weibes, von seinem Weibe scheidet. – Alles im Grunde *ein* Satz, alles Folgen *eines* Instinkts. –

Das Leben des Erlösers war nichts andres als *diese* Praktik – sein Tod war auch nichts andres... Er hatte keine Formeln, keinen Ritus für den Verkehr mit Gott mehr nötig – nicht einmal das Gebet. Er hat mit der ganzen jüdischen Buß- und Versöhnungslehre abgerechnet; er weiß, wie es allein die *Praktik* des Lebens ist, mit der man sich »göttlich«, »selig«, »evangelisch«, jederzeit ein »Kind Gottes« fühlt. *Nicht* »Buße«, *nicht* »Gebet um Vergebung« sind Wege zu Gott: die *evangelische Praktik allein* führt zu Gott, sie eben *ist* »Gott«! – Was mit dem Evangelium *abgetan* war, das war das Judentum der Begriffe »Sünde«, »Vergebung der Sünde«, »Glaube«, »Erlösung durch den Glauben« – die ganze jüdische *Kirchen*-Lehre war in der »frohen Botschaft« verneint.

Der tiefe Instinkt dafür, wie man *leben* müsse, um sich »im Himmel« zu fühlen, um sich »ewig« zu fühlen, während man sich bei jedem andern Verhalten durchaus *nicht* »im Himmel« fühlt: dies allein ist die psychologische Realität der »Erlösung«. – Ein neuer Wandel, *nicht* ein neuer Glaube...

Wenn ich irgend etwas von diesem großen Symbolisten verstehe, so ist es das, daß er nur *innere* Realitäten als Realitäten, als »Wahrheiten« nahm – daß er den Rest, alles Natürliche, Zeitliche, Räumliche, Historische nur als Zeichen, als Gelegenheit zu Gleichnissen verstand. Der Begriff »des Menschen Sohn« ist nicht eine konkrete Person, die in die Geschichte gehört, irgend etwas einzelnes, einmaliges, sondern eine »ewige« Tatsächlichkeit, ein von dem Zeitbegriff erlöstes psychologisches Symbol. Dasselbe gilt noch einmal, und im höchsten Sinne, von dem *Gott* dieses typischen Symbolisten, vom »Reich Gottes«, vom »Himmelreich«, von der »Kindschaft Gottes«. Nichts ist unchristlicher als die *kirchlichen Kruditäten* von einem Gott als *Person,* von einem »Reich Gottes«, welches *kommt,* von einem »Himmelreich« *jenseits,* von einem »Sohne Gottes«, der *zweiten Person* der Trinität. Dies alles ist – man vergebe mir den Ausdruck – die *Faust* auf dem Auge – oh auf was für einem Auge! – des Evangeliums: ein *welthistorischer Zynismus* in der Verhöhnung des Symbols... Aber es liegt ja auf der Hand, was mit dem Zeichen »Vater« und »Sohn« angerührt wird – nicht auf jeder Hand, ich gebe es zu: mit dem Wort »Sohn« ist der *Eintritt* in das Gesamt-Verklärungs-Gefühl aller Dinge (die Seligkeit) ausgedrückt, mit dem Wort »Vater« *dieses Gefühl selbst,* das Ewigkeits-, das Vollendungs-Gefühl. – Ich schäme mich daran zu erinnern, was die Kirche aus diesem Symbolismus gemacht hat: hat sie nicht eine Amphitryon-Geschichte an die Schwelle des christlichen »Glaubens« gesetzt? Und ein Dogma von der »unbefleckten Empfängnis« noch obendrein?... *Aber damit hat sie die Empfängnis befleckt – –*

Das »Himmelreich« ist ein Zustand des Herzens – nicht etwas, das »über der Erde« oder »nach dem Tode« kommt. Der ganze Begriff des natürlichen Todes *fehlt* im Evangelium: der Tod ist keine Brücke, kein Übergang, er fehlt, weil einer ganz andern, bloß scheinbaren, bloß zu Zeichen nützlichen Welt zugehörig. Die »Todesstunde« ist *kein* christlicher Begriff – die »Stunde«, die Zeit, das physische Leben und seine Krisen sind gar nicht vorhanden für den Lehrer der »frohen Botschaft«... Das »Reich Gottes« ist nichts, das man erwartet; es hat kein Gestern und kein Übermorgen, es kommt nicht in »tausend Jahren« – es ist eine Erfahrung an einem Herzen; es ist überall da, es ist nirgends da...

Dieser »frohe Botschafter« starb wie er lebte, wie er *lehrte – nicht* um »die Menschen zu erlösen«, sondern um zu zeigen, wie man zu leben hat. Die *Praktik* ist es, welche er der Menschheit hinterließ: sein Verhalten vor den Richtern, vor den Häschern, vor den Anklägern und aller Art Verleumdung und Hohn – sein Verhalten am *Kreuz*. Er widersteht nicht, er verteidigt nicht sein Recht, er tut keinen Schritt, der das Äußerste von ihm abwehrt, mehr noch, *er fordert es heraus...* Und er bittet, er leidet, er liebt *mit* denen, *in* denen, die ihm Böses tun. Die Worte zum *Schächer* am Kreuz enthalten das ganze Evangelium. »Das ist wahrlich ein *göttlicher* Mensch gewesen, ein Kind Gottes!« – sagt der Schächer. »Wenn du dies fühlst« – antwortet der Erlöser – »*so bist du im Paradiese,* so bist du ein Kind Gottes.« *Nicht* sich wehren, *nicht* zürnen, *nicht* verantwortlich-machen... Sondern auch nicht dem Bösen widerstehen – ihn *lieben...*

– Erst wir, wir *freigewordenen* Geister, haben die Voraussetzung dafür, etwas zu verstehn, das neunzehn Jahrhunderte mißverstanden haben – jene Instinkt und Leidenschaft gewordene Rechtschaffenheit, welche der »heiligen Lüge« noch mehr als jeder andern Lüge den Krieg macht... Man war unsäglich entfernt von unsrer liebevollen und vorsichtigen Neutralität, von jener Zucht des Geistes, mit der allein das Erraten so fremder, so zarter Dinge ermöglicht wird: man wollte jederzeit, mit einer unverschämten Selbstsucht, nur *seinen* Vorteil darin, man hat aus dem Gegensatz zum Evangelium die *Kirche* aufgebaut...

Wer nach Zeichen dafür suchte, daß hinter dem großen Welten- Spiel eine ironische Göttlichkeit die Finger handhabe, er fände keinen kleinen Anhalt in dem *ungeheuren Fragezeichen,* das Christentum heißt. Daß die Menschheit vor dem Gegensatz dessen auf den Knien liegt, was der Ursprung, der Sinn, das *Recht* des Evangeliums war, daß sie in dem Begriff »Kirche« gerade das heilig gesprochen hat, was der »frohe Botschafter« als *unter* sich, als *hinter* sich empfand – man sucht vergebens nach einer größeren Form *welthistorischer Ironie* – –

– Unser Zeitalter ist stolz auf seinen historischen Sinn: wie hat es sich den Unsinn glaublich machen können, daß an dem Anfange des Christentums *die grobe Wundertäter- und Erlöser-Fabel* steht – und daß alles Spirituale und Symbolische erst eine spätere Entwicklung ist? Umgekehrt: die Geschichte des Christentums – und zwar vom Tode am Kreuze an – ist die Geschichte des schrittweise immer gröberen Mißverstehns eines *ursprünglichen* Symbolismus. Mit jeder Ausbreitung des Christentums über noch breitere, noch rohere Massen, denen die Voraussetzungen immer mehr abgingen, aus denen es geboren ist, wurde es nötiger, das Christentum zu *vulgarisieren,* zu *barbarisieren* – es hat Lehren und Riten aller *unterirdischen* Kulte des *imperium Romanum,* es hat den Unsinn aller Arten kranker Vernunft in sich eingeschluckt. Das Schicksal des Christentums liegt in der Notwendigkeit, daß sein Glaube selbst so krank, so niedrig und vulgär werden mußte, als die Bedürfnisse krank, niedrig und vulgär waren, die mit ihm befriedigt werden sollten. Als Kirche summiert sich endlich die *kranke Barbarei* selbst zur Macht – die Kirche, diese Todfeindschaftsform zu jeder Rechtschaffenheit, zu jeder *Höhe* der Seele, zu jeder Zucht des Geistes, zu jeder freimütigen und gütigen Menschlichkeit. – Die *christlichen* – die *vornehmen* Werte: erst wir, wir *freigewordnen* Geister, haben diesen größten Wert-Gegensatz, den es gibt, wiederhergestellt!

– Ich unterdrücke an dieser Stelle einen Seufzer nicht. Es gibt Tage, wo mich ein Gefühl heimsucht, schwärzer als die schwärzeste Melancholie – die *Menschen-Verachtung.* Und damit ich keinen Zweifel darüber lasse, *was* ich verachte, *wen* ich verachte: der Mensch von Heute ist es, der Mensch, mit dem ich verhängnisvoll gleichzeitig bin. Der Mensch von Heute – ich ersticke an seinem unreinen Atem... Gegen das Vergangne bin ich, gleich allen Erkennenden, von einer großen Toleranz, das heißt *großmütigen* Selbstbezwingung: ich gehe durch die Irrenhaus-Welt ganzer Jahrtausende, heiße sie nun »Christentum«, »christlicher Glaube«, »christliche Kirche«, mit einer düsteren Vorsicht hindurch – ich hüte mich, die Menschheit für ihre Geisteskrankheiten verantwortlich zu machen. Aber mein Gefühl schlägt um, bricht heraus, sobald ich in die neuere Zeit, in *unsre* Zeit eintrete. Unsre Zeit ist *wissend...* Was ehemals bloß krank war, heute ward es unanständig – es ist unanständig, heute Christ zu sein. *Und hier beginnt mein Ekel.*

– Ich sehe mich um: es ist kein Wort von dem mehr übriggeblieben, was ehemals »Wahrheit« hieß, wir halten es nicht mehr aus, wenn ein Priester das Wort »Wahrheit« auch nur in den Mund nimmt. Selbst bei dem bescheidensten Anspruch auf Rechtschaffenheit *muß* man heute wissen, daß ein Theologe, ein Priester, ein Papst mit jedem Satz, den er spricht, nicht nur irrt, sondern *lügt* – daß es ihm nicht mehr freisteht, aus »Unschuld«, aus »Unwissenheit« zu lügen. Auch der Priester weiß, so gut es jedermann weiß, daß es keinen »Gott« mehr gibt, keinen »Sünder«, keinen »Erlöser« – daß »freier Wille«, »sittliche Weltordnung« *Lügen* sind – der Ernst, die tiefe Selbstüberwindung des Geistes *erlaubt* niemandem mehr, hierüber *nicht* zu wissen... *Alle* Begriffe der Kirche sind erkannt als das, was sie sind, als die bösartigste Falschmünzerei, die es gibt, zum Zweck, die Natur, die Natur-Werte zu *entwerten;* der Priester selbst ist erkannt als das, was er ist, als die gefährlichste Art Parasit, als die eigentliche Giftspinne des Lebens... Wir wissen, unser *Gewissen* weiß es heute –, *was* überhaupt jene unheimlichen Erfindungen der Priester und der Kirche wert sind, *wozu sie dienten,* mit denen jener Zustand von Selbstschändung der Menschheit erreicht worden ist, der Ekel vor ihrem Anblick machen kann – die Begriffe »Jenseits«, »Jüngstes Gericht«, »Unsterblichkeit der Seele«, die »Seele« selbst: es sind Folter-Instrumente, es sind Systeme von Grausamkeiten, vermöge deren der Priester Herr wurde, Herr blieb... Jedermann weiß das: *und trotzdem bleibt alles beim alten.* Wohin kam das letzte Gefühl von Anstand, von Achtung vor sich selbst, wenn unsre Staatsmänner sogar, eine sonst sehr unbefangne Art Mensch und Antichristen der Tat durch und durch, sich heute noch Christen nennen und zum Abendmahl gehn?... Ein junger Fürst an der Spitze seiner Regimenter, prachtvoll als Ausdruck der Selbstsucht und Selbstüberhebung seines Volks – aber, *ohne* jede Scham, sich als Christen bekennend!... *Wen* verneint denn *das* Christentum? *was* heißt es »Welt?« Daß man Soldat, daß man Richter, daß man Patriot ist; daß man sich wehrt; daß man auf seine Ehre hält; daß man seinen Vorteil will; daß man *stolz* ist... Jede Praktik jedes Augenblicks, jeder Instinkt, jede zur *Tat* werdende Wertschätzung ist heute antichristlich: was für eine *Mißgeburt von Falschheit* muß der moderne Mensch sein, daß er sich trotzdem *nicht schämt,* Christ noch zu heißen!

– Ich kehre zurück, ich erzähle die *echte* Geschichte des Christentums. – Das Wort schon »Christentum« ist ein Mißverständnis –, im Grunde gab es nur einen Christen, und der starb am Kreuz. Das »Evangelium« *starb* am Kreuz. Was von diesem Augenblick an »Evangelium« heißt, war bereits der Gegensatz dessen, was *er* gelebt: eine *»schlimme Botschaft«*, ein *Dysangelium.* Es ist falsch bis zum Unsinn, wenn man in einem »Glauben«, etwa im Glauben an die Erlösung durch Christus das Abzeichen des Christen sieht: bloß die christliche *Praktik,* ein Leben so wie der, der am Kreuze starb, es *lebte,* ist christlich... Heute noch ist ein *solches* Leben möglich, für *gewisse* Menschen sogar notwendig: das echte, das ursprüngliche Christentum wird zu allen Zeiten möglich sein... *Nicht* ein Glauben, sondern ein Tun, ein Vieles-*nicht*-tun vor allem, ein andres *Sein*... Bewußtseins-Zustände, irgendein Glauben, ein Für-wahr-halten zum Beispiel – jeder Psycholog weiß das – sind ja vollkommen gleichgültig und fünften Ranges gegen den Wert der Instinkte: strenger geredet, der ganze Begriff geistiger Ursächlichkeit ist falsch. Das Christ-sein, die Christlichkeit auf ein Für-wahr-halten, auf eine bloße Bewußtseins-Phänomenalität reduzieren, heißt die Christlichkeit negieren. *In der Tat gab es gar keine Christen.* Der »Christ«, das, was seit zwei Jahrtausenden Christ heißt, ist bloß ein psychologisches Selbst-Mißverständnis. Genauer zugesehn, herrschten in ihm, *trotz* allem »Glauben«, *bloß* die Instinkte – und *was für Instinkte*! – Der »Glaube« war zu allen Zeiten, beispielsweise bei Luther, nur ein Mantel, ein Vorwand, ein *Vorhang,* hinter dem die Instinkte ihr Spiel spielten –, eine kluge *Blindheit* über die Herrschaft *gewisser* Instinkte... Der »Glaube« – ich nannte ihn schon die eigentliche christliche *Klugheit,* – man *sprach* immer vom »Glauben«, man *tat* immer nur vom Instinkte... In der Vorstellungswelt des Christen kommt nichts vor, was die Wirklichkeit auch nur anrührte: dagegen erkannten wir im Instinkt-Haß *gegen* jede Wirklichkeit das treibende, das einzig treibende Element in der Wurzel des Christentums. Was folgt daraus? Daß auch *in psychologicis* hier der Irrtum radikal, das heißt wesen-bestimmend, das heißt *Substanz* ist. *Ein* Begriff hier weg, eine einzige Realität an dessen Stelle – und das ganze Christentum rollt ins Nichts! – Aus der Höhe gesehn, bleibt diese fremdartigste aller Tatsachen, eine durch Irrtümer nicht nur bedingte, sondern *nur* in schädlichen, *nur* in leben- und herzvergiftenden Irrtümern erfinderische und selbst geniale Religion ein *Schauspiel für Götter* – für jene Gottheiten, welche zugleich Philosophen sind, und denen ich zum Beispiel bei jenen berühmten Zwiegesprächen auf Naxos begegnet bin. Im Augenblick, wo der *Ekel* von ihnen weicht (– *und* von uns!), werden sie dankbar für das Schauspiel des Christen: das erbärmliche kleine Gestirn, das Erde heißt, verdient vielleicht allein um *dieses* kuriosen Falls willen einen göttlichen Blick, eine göttliche Anteilnahme... Unterschätzen wir nämlich den Christen nicht: der Christ, falsch *bis zur Unschuld,* ist weit über dem Affen – in Hinsicht auf Christen wird eine bekannte Herkunfts-Theorie zur bloßen Artigkeit...

40

– Das Verhängnis des Evangeliums entschied sich mit dem Tode – es hing am »Kreuz«... Erst der Tod, dieser unerwartete schmähliche Tod, erst das Kreuz, das im allgemeinen bloß für die Kanaille aufgespart blieb – erst diese schauerlichste Paradoxie brachte die Jünger vor das eigentliche Rätsel: *»wer war das? was war das?«* – Das erschütterte und im Tiefsten beleidigte Gefühl, der Argwohn, es möchte ein solcher Tod die *Widerlegung* ihrer Sache sein, das schreckliche Fragezeichen »warum gerade so?« – dieser Zustand begreift sich nur zu gut. Hier *mußte* alles notwendig sein, Sinn, Vernunft, höchste Vernunft haben; die Liebe eines Jüngers kennt keinen Zufall. Erst jetzt trat die Kluft auseinander: »*wer* hat ihn getötet? *wer* war sein natürlicher Feind?« – diese Frage sprang wie ein Blitz hervor. Antwort: das *herrschende* Judentum, sein oberster Stand. Man empfand sich von diesem Augenblick im Aufruhr *gegen* die Ordnung, man verstand hinterdrein Jesus als *im Aufruhr gegen die Ordnung.* Bis dahin *fehlte* dieser krieger-ische, dieser Nein-sagende, Nein-tuende Zug in seinem Bilde; mehr noch, er war dessen Widerspruch. Offenbar hat die kleine Gemeinde gerade die Haupt-sache *nicht* verstanden, das Vorbildliche in dieser Art zu sterben, die Freiheit, die Überlegenheit *über* jedes Gefühl von *ressentiment:* – ein Zeichen dafür, wie wenig überhaupt sie von ihm verstand! An sich konnte Jesus mit seinem Tode nichts wollen, als öffentlich die stärkste Probe, den *Beweis* seiner Lehre zu geben... Aber seine Jünger waren ferne davon, diesen Tod zu *verzeihen* – was evangelisch im höchsten Sinne gewesen wäre; oder gar sich zu einem gleichen Tode in sanfter und lieblicher Ruhe des Herzens *anzubieten*... Gerade das am meisten unevangelische Gefühl, die *Rache,* kam wieder obenauf. Unmöglich konnte die Sache mit diesem Tode zu Ende sein: man brauchte »Vergeltung«, »Gericht« (– und doch, was kann noch unevangelischer sein, als »Vergeltung«, »Strafe«, »Gericht-halten«!). Noch einmal kam die populäre Erwartung eines Messias in den

Vordergrund; ein historischer Augenblick wurde ins Auge gefaßt: das »Reich Gottes« kommt zum Gericht über seine Feinde ... Aber damit ist alles mißverstanden: das »Reich Gottes« als Schlußakt, als Verheißung! Das Evangelium war doch gerade das Dasein, das Erfülltsein, die *Wirklichkeit* dieses »Reichs« gewesen. Gerade ein solcher Tod *war* eben dieses »Reich Gottes«. Jetzt erst trug man die ganze Verachtung und Bitterkeit gegen Pharisäer und Theologen in den Typus des Meisters ein – man *machte* damit aus ihm einen Pharisäer und Theologen! Andrerseits hielt die wildgewordne Verehrung dieser ganz aus den Fugen geratenen Seelen jene evangelische Gleichberechtigung von jedermann zum Kind Gottes, die Jesus gelehrt hatte, nicht mehr aus, ihre Rache war, auf eine ausschweifende Weise Jesus *emporzuheben,* von sich abzulösen: ganz so, wie ehedem die Juden aus Rache an ihren Feinden ihren Gott von sich losgetrennt und in die Höhe gehoben haben. Der *eine* Gott und der *eine* Sohn Gottes: beides Erzeugnisse des *ressentiment...*

41

– Und von nun an tauchte ein absurdes Problem auf: »wie *konnte* Gott das zulassen!« Darauf fand die gestörte Vernunft der kleinen Gemeinschaft eine geradezu schrecklich absurde Antwort: Gott gab seinen Sohn zur Vergebung der Sünden, als *Opfer.* Wie war es mit einem Male zu Ende mit dem Evangelium! Das *Schuldopfer,* und zwar in seiner widerlichsten, barbarischsten Form, das Opfer des *Unschuldigen* für die Sünden der Schuldigen! Welches schauderhafte Heiden-tum! – Jesus hatte ja den Begriff »Schuld« selbst abgeschafft – er hat jede Kluft zwischen Gott und Mensch geleugnet, er *lebte* diese Einheit von Gott und Mensch als *seine* »frohe Botschaft«... Und *nicht* als Vorrecht! – Von nun an tritt schrittweise in den Typus des Erlösers hinein: die Lehre vom Gericht und von der Wiederkunft, die Lehre vom Tod als einem Opfertode, die Lehre von der *Auferstehung,* mit der der ganze Begriff »Seligkeit«, die ganze und einzige Realität des Evangeliums, eskamotiert ist – zugunsten eines Zustandes *nach* dem Tode!... Paulus hat diese Auffassung, diese *Unzucht* von Auffassung mit jener rabbinerhaften Frechheit, die ihn in allen Stücken auszeichnet, dahin logisiert: »wenn Christus nicht auferstanden ist von den Toten, so ist unser Glaube eitel«. – Und mit einem Male wurde aus dem Evangelium die verächtlichste aller unerfüllbaren Versprechungen, die *unverschämte* Lehre von der Personal-Unsterblichkeit... Paulus selbst lehrte sie noch als *Lohn!...*

Man sieht, *was* mit dem Tode am Kreuz zu Ende war: ein neuer, ein durchaus ursprünglicher Ansatz zu einer buddhistischen Friedens-Bewegung, zu einem tatsächlichen, *nicht* bloß verheißenen *Glück auf Erden*. Denn dies bleibt – ich hob es schon hervor – der Grundunterschied zwischen den beiden *décadence*-Religionen: der Buddhismus verspricht nicht, sondern hält, das Christentum verspricht alles, aber *hält nichts*. – Der »frohen Botschaft« folgte auf dem Fuß die *allerschlimmste*: die des Paulus. In Paulus verkörpert sich der Gegensatz-Typus zum »frohen Botschafter«, das Genie im Haß, in der Vision des Hasses, in der unerbittlichen Logik des Hasses. *Was* hat dieser Dysangelist alles dem Hasse zum Opfer gebracht! Vor allem den Erlöser: er schlug ihn an *sein* Kreuz. Das Leben, das Beispiel, die Lehre, der Tod, der Sinn und das Recht des ganzen Evangeliums – nichts war mehr vorhanden, als dieser Falschmünzer aus Haßbegriff, was allein er brauchen konnte. *Nicht* die Realität, *nicht* die historische Wahrheit!...Und noch einmal verübte der Priester-Instinkt des Juden das gleiche große Verbrechen an der Historie – er strich das Gestern, das Vorgestern des Christentums einfach durch, er *erfand sich eine Geschichte des ersten Christentums*. Mehr noch: er fälschte die Geschichte Israels nochmals um, um als Vorgeschichte für *seine* Tat zu erscheinen: alle Propheten haben von *seinem* »Erlöser« geredet... Die Kirche fälschte später sogar die Geschichte der Menschheit zur Vorgeschichte des Christentums... Der Typus des Erlösers, die Lehre, die Praktik, der Tod, der Sinn des Todes, selbst das Nachher des Todes – nichts blieb unangetastet, nichts blieb auch nur ähnlich der Wirklichkeit. Paulus verlegte einfach das Schwergewicht jenes ganzen Daseins *hinter* dies Dasein – in die *Lüge* vom »wiederauferstandenen« Jesus. Er konnte im Grunde das Leben des Erlösers überhaupt nicht brauchen – er hatte den Tod am Kreuz nötig *und* etwas mehr noch... Einen Paulus, der seine Heimat an dem Hauptsitz der stoischen Aufklärung hatte, für ehrlich halten, wenn er sich aus einer Halluzination den *Beweis* vom *Noch*-Leben des Erlösers zurechtmacht, oder auch nur seiner Erzählung, *daß* er diese Halluzination gehabt hat, Glauben schenken, wäre eine wahre *niaiserie* seitens eines Psychologen: Paulus wollte den Zweck, *folglich* wollte er auch die Mittel... Was er selbst nicht glaubte, die Idioten, unter die er *seine* Lehre warf, glaubten es. – *Sein* Bedürfnis war die *Macht*; mit Paulus wollte nochmals der Priester zur Macht – er konnte nur Begriffe, Lehren, Symbole brauchen, mit denen man Massen tyrannisiert, Herden bildet.

Was allein entlehnte später Mohammed dem Christentum? Die Erfindung des Paulus, sein Mittel zur Priester-Tyrannei, zur Herden-Bildung: den Unsterblichkeits-Glauben – *das heißt die Lehre vom »Gericht«...*

43

Wenn man das Schwergewicht des Lebens *nicht* ins Leben, sondern ins »Jenseits« verlegt – ins *Nichts* –, so hat man dem Leben überhaupt das Schwergewicht genommen. Die große Lüge von der Personal-Unsterblichkeit zerstört jede Vernunft, jede Natur im Instinkte – alles, was wohltätig, was lebenfördernd, was zukunftverbürgend in den Instinkten ist, erregt nunmehr Mißtrauen. *So* zu leben, daß es keinen *Sinn* mehr hat zu leben, *das* wird jetzt zum »Sinn« des Lebens... Wozu Gemeinsinn, wozu Dankbarkeit noch für Herkunft und Vorfahren, wozu mitarbeiten, zutrauen, irgendein Gesamtwohl fördern und im Auge haben?... Ebenso viele »Versuchungen«, ebenso viele Ablenkungen vom »rechten Weg« – *»eins* ist not«... Daß jeder als »unsterbliche Seele« mit jedem gleichen Rang hat, daß in der Gesamtheit aller Wesen das »Heil« *jedes* einzelnen eine ewige Wichtigkeit in Anspruch nehmen darf, daß kleine Mucker und Dreiviertels-Verrückte sich einbilden dürfen, daß um ihretwillen die Gesetze der Natur beständig *durchbrochen* werden – eine solche Steigerung jeder Art Selbstsucht ins Unendliche, ins *Unverschämte* kann man nicht mit genug Verachtung brandmarken. Und doch verdankt das Christentum *dieser* erbarmungswürdigen Schmeichelei vor der Personal-Eitelkeit seinen *Sieg* – gerade alles Mißratene, Aufständisch-Gesinnte, Schlechtweg-gekommne, den ganzen Auswurf und Abhub der Menschheit hat es damit zu sich überredet. Das »Heil der Seele« – auf deutsch: »die Welt dreht sich um *mich*«... Das Gift der Lehre *»gleiche* Rechte für alle« – das Christentum hat es am grundsätzlichsten ausgesät; das Christentum hat jedem Ehrfurchts- und Distanz-Gefühl zwischen Mensch und Mensch, das heißt der *Voraussetzung* zu jeder Erhöhung, zu jedem Wachstum der Kultur einen Todkrieg aus den heimlichsten Winkeln schlechter Instinkte gemacht – es hat aus dem *ressentiment* der Massen sich seine *Haupt-waffe* geschmiedet gegen *uns,* gegen alles Vornehme, Frohe, Hoch-herzige auf Erden, gegen unser Glück auf Erden... Die »Unsterblich-keit« jedem Petrus und Paulus zugestanden, war bisher das größte, das bösartigste Attentat auf die *vornehme* Menschlichkeit. – *Und* unterschätzen wir das Verhängnis nicht, das vom Christentum aus sich bis in die Politik eingeschlichen hat! Niemand hat heute mehr den Mut zu Sonderrechten, zu Herrschaftsrechten, zu einem Ehrfurchtsgefühl vor sich und seinesgleichen – zu einem *Pathos der Distanz*... Unsre Politik ist *krank* an diesem Mangel an Mut! – Der Aristokratismus der Gesinnung wurde durch die Seelen-Gleichheits-Lüge am unterirdischsten untergraben; und wenn der Glaube an das »Vorrecht der Meisten« Revolutionen macht und *machen wird* – das Christentum ist es, man zweifle nicht daran, *christliche* Werturteile sind es, welche jede Revolution bloß in Blut und Verbrechen übersetzt! Das Christentum ist ein Aufstand alles Am-Boden-Kriechenden gegen das, was *Höhe* hat: das Evangelium der »Niedrigen« *macht* niedrig...

44

– Die Evangelien sind unschätzbar als Zeugnis für die bereits unaufhaltsame Korruption *innerhalb* der ersten Gemeinde. Was Paulus später mit dem Logiker-Zynismus eines Rabbiners zu Ende führte, war trotzdem bloß der Verfalls-Prozeß, der mit dem Tode des Erlösers begann. – Diese Evangelien kann man nicht behutsam genug lesen; sie haben ihre Schwierigkeiten hinter jedem Wort. Ich bekenne, man wird es mir zugute halten, daß sie ebendamit für einen Psychologen ein Vergnügen ersten Ranges sind – als *Gegensatz* aller naiven Verderbnis, als das Raffinement *par excellence,* als Künstlerschaft in der psychologischen Verderbnis. Die Evangelien stehn für sich. Die Bibel überhaupt verträgt keinen Vergleich. Man ist unter Juden: *erster* Gesichtspunkt, um hier nicht völlig den Faden zu verlieren. Die hier geradezu Genie werdende Selbstverstellung ins »Heilige«, unter Büchern und Menschen nie annähernd sonst erreicht, diese Wort- und Gebärden-Falschmünzerei als *Kunst* ist nicht der Zufall irgendwelcher Einzel-Begabung, irgendwelcher Ausnahme-Natur. Hierzu gehört *Rasse*. Im Christentum, als der Kunst, heilig zu lügen, kommt das ganze Judentum, eine mehrhundertjährige jüdische allerernsthafteste Vorübung und Technik zur letzten Meisterschaft. Der Christ, diese *ultima ratio* der Lüge, ist der Jude noch einmal – *dreimal* selbst... Der grundsätzliche Wille, nur Begriffe, Symbole, Attitüden anzuwenden, welche aus der Praxis des Priesters bewiesen sind, die Instinkt-Ablehnung jeder *andren* Praxis, jeder *andren* Art Wert- und Nützlichkeits-Perspektive – das ist nicht nur Tradition, das ist *Erbschaft:* nur als Erbschaft wirkt es wie Natur. Die ganze Menschheit, die besten Köpfe der besten Zeiten sogar (einen ausgenommen, der vielleicht bloß ein Unmensch ist–) haben sich täuschen lassen. Man hat das Evangelium als *Buch der Unschuld* gelesen... kein kleiner Fingerzeig dafür, mit welcher Meisterschaft hier geschauspielert worden ist. – Freilich bekämen wir sie zu *sehen,* auch nur im Vorübergehn, alle diese wunderlichen Mucker und Kunst-Heiligen, so wäre es am Ende – und genau deshalb, weil *ich* keine Worte lese, ohne Gebärden zu sehn, *mache ich mit ihnen ein Ende...* Ich halte eine gewisse Art, die Augen aufzuschlagen, an ihnen nicht aus. – Zum Glück sind Bücher für die allermeisten bloß *Literatur* – – Man muß sich nicht irreführen lassen: »Richtet nicht!« sagen sie, aber sie schicken alles in die Hölle, was ihnen im Wege steht. Indem sie Gott richten lassen, richten sie selber; indem sie Gott verherrlichen, verherrlichen sie sich selber; indem sie die Tugenden *fordern,* deren sie gerade fähig sind – mehr noch, die sie nötig haben, um überhaupt oben zu bleiben –, geben sie sich den großen Anschein eines Ringens um die Tugend, eines Kampfes um die Herrschaft der Tugend. »Wir leben, wir sterben, wir opfern uns *für das Gute*« (– »die Wahrheit«, »das Licht«, das »Reich Gottes«): in Wahrheit tun sie, was sie nicht lassen können. Indem sie nach Art von Duck-mäusern sich durchdrücken, im Winkel sitzen, im Schatten schatten-haft dahinleben, machen sie sich eine *Pflicht* daraus: als Pflicht er scheint ihr Leben der Demut, als Demut ist es ein Beweis mehr für Frömmigkeit... Ah diese demütige, keusche, barmherzige Art von Verlogenheit! »Für uns soll die Tugend selbst Zeugnis ablegen«... Man lese die Evangelien als Bücher der Verführung mit *Moral:* die Moral wird von diesen kleinen Leuten mit Beschlag belegt – sie wissen, was es auf sich hat mit der Moral! Die Menschheit wird am besten *genasführt* mit der Moral! – Die Realität ist, daß hier der bewußteste *Auserwählten-Dünkel* die Bescheidenheit spielt: man hat *sich,* die »Gemeinde«, die »Guten und Gerechten« ein für allemal auf die eine Seite gestellt, auf die »der Wahrheit« – und den Rest, »die Welt«, auf die andre... *Das* war die verhängnisvollste Art Größenwahn, die bisher auf Erden dagewesen ist: kleine Mißgeburten von Muckern und Lügnern fingen an, die Begriffe »Gott«, »Wahrheit«, »Licht«, »Geist«, »Liebe«, »Weisheit«, »Leben« für sich in Anspruch zu nehmen, gleich-sam als Synonyma von sich, um damit die »Welt« gegen sich abzu-grenzen, kleine Superlativ-Juden, reif für jede Art Irrenhaus, drehten die Werte überhaupt nach *sich* um, wie als ob erst der »Christ« der Sinn, das Salz, das Maß, auch das *letzte Gericht* vom ganzen Rest wäre... Das ganze Verhängnis wurde dadurch allein ermöglicht, daß schon eine verwandte, rassenverwandte Art von Größenwahn in der

Welt war, der *jüdische:* sobald einmal die Kluft zwischen Juden und Judenchristen sich aufriß, blieb letzteren gar keine Wahl, als dieselben Prozeduren der Selbsterhaltung, die der jüdische Instinkt anriet, *gegen* die Juden selber anzuwenden, während die Juden sie bisher bloß gegen alles *Nicht*-Jüdische angewendet hatten. Der Christ ist nur ein Jude *»freieren«* Bekenntnisses. –

45

– Ich gebe ein paar Proben von dem, was sich diese kleinen Leute in den Kopf gesetzt, was sie ihrem Meister *in den Mund gelegt haben:* lauter Bekenntnisse »schöner Seelen«. –

»Und welche euch nicht aufnehmen noch hören, da gehet von dannen hinaus und schüttelt den Staub ab von euren Füßen, zu einem Zeugnis über sie. Ich sage euch: Wahrlich, es wird Sodom und Gomorrha am Jüngsten Gericht erträglicher ergehn, denn solcher Stadt« *(Markus 6, 11).* – Wie *evangelisch!*...

»Und wer der Kleinen einen ärgert, die an mich glauben, dem wäre es besser, daß ihm ein Mühlstein an seinen Hals gehängt würde und er in das Meer geworfen würde« (Markus 9, 42). – Wie *evangelisch!*...

»Ärgert dich dein Auge, so wirf es von dir. Es ist dir besser, daß du einäugig in das Reich Gottes gehest, denn daß du zwei Augen habest und werdest in das höllische Feuer geworfen; da ihr Wurm nicht stirbt und ihr Feuer nicht erlischt« (Markus 9, 47). – Es ist nicht gerade das Auge gemeint...

»Wahrlich, ich sage euch, es stehen etliche hier, die werden den Tod nicht schmecken, bis daß sie sehen das Reich Gottes mit Kraft kommen« (Markus 9, 1). – Gut *gelogen,* Löwe...

»Wer mir will nachfolgen, der verleugne sich selbst und nehme sein Kreuz auf sich und folge mir nach. *Denn...«* (Anmerkung eines Psychologen. Die christliche Moral wird durch ihre *Denns* widerlegt: ihre »Gründe« widerlegen – so ist es christlich.) Markus 8, 34. –

»Richtet nicht, *auf daß* ihr nicht gerichtet werdet. Mit welcherlei Maß ihr messet, wird *euch* gemessen werden« (Matthäus 7, 1). – Welcher Begriff von Gerechtigkeit, von einem »gerechten« Richter!...

»Denn so ihr liebet, die euch lieben, *was werdet ihr für Lohn haben?* Tun nicht dasselbe auch die Zöllner? Und so ihr nur zu euren Brüdern freundlich tut, *was tut ihr Sonderliches?* Tun nicht die Zöllner auch also?« (Matthäus 5, 46.) – Prinzip der »christlichen Liebe«: sie will zuletzt gut *bezahlt* sein...

»Wo *ihr* aber den Menschen ihre Fehler nicht vergebet, so wird euch euer Vater eure Fehler auch nicht vergeben« (Matthäus 6, 15). – Sehr kompromittierend für den genannten »Vater«...

»Trachtet am ersten nach dem Reiche Gottes und nach seiner Gerechtigkeit, so wird euch solches alles zufallen« (Matthäus 6, 33). – Solches alles: nämlich Nahrung, Kleidung, die ganze Notdurft des Lebens. Ein *Irrtum,* bescheiden ausgedrückt... Kurz vorher erscheint Gott als Schneider, wenigstens in gewissen Fällen...

»Freuet euch alsdann und hüpfet: *denn* siehe, euer Lohn ist groß im Himmel. Desgleichen taten ihre Väter den Propheten auch« (Lukas 6, 23). – *Unverschämtes* Gesindel! Es vergleicht sich bereits mit den Propheten...

»Wisset ihr nicht, daß ihr Gottes Tempel seid und der Geist Gottes in euch wohnet? So jemand den Tempel Gottes verderbet, *den wird Gott verderben:* denn der Tempel Gottes ist heilig, *der seid ihr*« (Paulus 1. Korinther 3, 16). – Dergleichen kann man nicht genug verachten...

»Wisset ihr nicht, daß die Heiligen die Welt richten werden? So denn nun die Welt soll von *euch* gerichtet werden: seid ihr denn nicht gut genug, geringere Sachen zu richten?« (Paulus 1. Korinther 6, 2.) – Leider nicht bloß die Rede eines Irrenhäuslers... Dieser *fürchterliche Betrüger* fährt wörtlich fort: »Wisset ihr nicht, daß *wir* über die Engel richten werden? Wie viel mehr über die zeitlichen Güter!«...

»Hat nicht Gott die Weisheit dieser Welt zur Torheit gemacht? Denn dieweil die Welt durch ihre Weisheit Gott in seiner Weisheit nicht erkannte, gefiel es Gott wohl, durch törichte Predigt selig zu machen die, so daran glauben...; nicht viel Weise nach dem Fleisch, nicht viel Gewaltige, nicht viel Edle sind berufen. Sondern was töricht ist vor der Welt, *das hat Gott erwählet,* daß er die Weisen zuschanden mache; und was schwach ist vor der Welt, das hat Gott erwählet, daß er zuschanden mache, was stark ist; und das Unedle vor der Welt und das Verachtete hat Gott erwählet, und das da nichts ist, daß er zunichte mache, was etwas ist. Auf daß sich vor ihm kein Fleisch rühme« (Paulus 1. Korinther 1, 20 ff.). – Um diese Stelle, ein Zeugnis allerersten Ranges für die Psychologie jeder Tschandala-Moral, zu *verstehn,* lese man die erste Abhandlung meiner *Genealogie der Moral:* in ihr wurde zum erstenmal der Gegensatz einer *vornehmen* und einer aus *ressentiment* und ohnmächtiger Rache gebornen Tschandala-Moral ans Licht gestellt. Paulus war der größte aller Apostel der Rache...

– Was folgt daraus? Daß man gut tut, Handschuhe anzuziehn, wenn man das Neue Testament liest. Die Nähe von so viel Unreinlichkeit zwingt beinahe dazu. Wir würden uns »erste Christen« so wenig wie polnische Juden zum Umgang wählen: nicht daß man gegen sie auch nur einen Einwand nötig hätte... Sie riechen beide nicht gut. – Ich habe vergebens im Neuen Testamente auch nur nach einem sympathischen Zuge ausgespäht; nichts ist darin, was frei, gütig, offenherzig, rechtschaffen wäre. Die Menschlichkeit hat hier noch nicht ihren ersten Anfang gemacht – die Instinkte der *Reinlichkeit* fehlen... Es gibt nur *schlechte* Instinkte im Neuen Testament, es gibt keinen Mut selbst zu diesen schlechten Instinkten. Alles ist Feigheit, alles ist Augenschließen und Selbstbetrug darin. Jedes Buch wird reinlich, wenn man eben das Neue Testament gelesen hat: ich las, um ein Beispiel zu geben, mit Entzücken unmittelbar nach Paulus jenen anmutigsten, übermütigsten Spötter Petronius, von dem man sagen könnte, was Domenico Boccaccio über Cesare Borgia an den Herzog von Parma schrieb: »*è tutto festo*« – unsterblich gesund, unsterblich heiter und wohlgeraten... Diese kleinen Mucker verrechnen sich nämlich in der Hauptsache. Sie greifen an, aber alles, was von ihnen angegriffen wird, ist damit *ausgezeichnet.* Wen ein »erster Christ« angreift, den besudelt er *nicht*... Umgekehrt: es ist eine Ehre, »erste Christen« gegen sich zu haben. Man liest das Neue Testament nicht ohne eine Vorliebe für das, was darin mißhandelt wird, – nicht zu reden von der »Weisheit dieser Welt«, welche ein frecher Windmacher »durch törichte Predigt« umsonst zuschanden zu machen sucht... Aber selbst die Pharisäer und Schriftgelehrten haben ihren Vorteil von einer solchen Gegnerschaft: sie müssen schon etwas wert gewesen sein, um auf eine so unanständige Weise gehaßt zu werden. Heuchelei – das wäre ein Vorwurf, den »erste Christen« machen *dürften*! – Zuletzt waren es die *Privilegierten*: dies genügt, der Tschandala-Haß braucht keine Gründe mehr. Der »erste Christ« – ich fürchte, auch der »letzte Christ«, *den ich vielleicht noch erleben werde* – ist Rebell gegen alles Privilegierte aus unterstem Instinkte – er lebt, er kämpft immer für *»gleiche Rechte«*.... Genauer zugesehn, hat er keine Wahl. Will man, für seine Person, ein »Auserwählter Gottes« sein – oder ein »Tempel Gottes«, oder ein »Richter der Engel« –, so ist jedes *andre* Prinzip der Auswahl, zum Beispiel nach Rechtschaffenheit, nach Geist, nach Männlichkeit und Stolz, nach Schönheit und Freiheit des Herzens, einfach »Welt« – *das Böse an sich*... Moral: jedes Wort im Munde eines »ersten Christen« ist

eine Lüge, jede Handlung, die er tut, eine Instinkt-Falschheit – alle seine Werte, alle seine Ziele sind schädlich, aber *wen* er haßt, *was* er haßt, *das hat Wert*... Der Christ, der Priester-Christ insonderheit, ist ein *Kriterium für Werte* – – Habe ich noch zu sagen, daß im ganzen Neuen Testament bloß eine *einzige* Figur vorkommt, die man ehren muß? Pilatus, der römische Statthalter. Einen Judenhandel *ernst* zu nehmen – dazu überredet er sich nicht. Ein Jude mehr oder weniger – was liegt daran?... Der vornehme Hohn eines Römers, vor dem ein unverschämter Mißbrauch mit dem Wort »Wahrheit« getrieben wird, hat das Neue Testament mit dem einzigen Wort bereichert, *das Wert hat* – das seine Kritik, seine *Vernichtung* selbst ist: »was ist Wahrheit!«...

47

– Das ist es nicht, was *uns* abscheidet, daß wir keinen Gott wiederfinden, weder in der Geschichte, noch in der Natur, noch hinter der Natur – sondern daß wir, was als Gott verehrt wurde, nicht als »göttlich«, sondern als erbarmungswürdig, als absurd, als schädlich empfinden, nicht nur als Irrtum, sondern als *Verbrechen am Leben*... Wir leugnen Gott als Gott... Wenn man uns diesen Gott der Christen *bewiese,* wir würden ihn noch weniger zu glauben wissen. – In Formel: *deus, qualem Paulus creavit, dei negatio.* – Eine Religion, wie das Christentum, die sich an keinem Punkte mit der Wirklichkeit berührt, die sofort dahinfällt, sobald die Wirklichkeit auch nur an einem Punkte zu Rechte kommt, muß billigerweise der »Weisheit der Welt«, will sagen *der Wissenschaft,* todfeind sein – sie wird alle Mittel gut heißen, mit denen die Zucht des Geistes, die Lauterkeit und Strenge in Gewissenssachen des Geistes, die vornehme Kühle und Freiheit des Geistes vergiftet, verleumdet, *verrufen* gemacht werden kann. Der »Glaube« als Imperativ ist das *Veto* gegen die Wissenschaft – *in praxi* die Lüge um jeden Preis... Paulus *begriff,* daß die Lüge – daß »der Glaube« nottat; die Kirche begriff später wieder Paulus. – Jener »Gott«, den Paulus sich erfand, ein Gott, der »die Weisheit der Welt« (im engern Sinn die beiden großen Gegnerinnen alles Aberglaubens, Philologie und Medizin) »zuschanden macht«, ist in Wahrheit nur der resolute *Entschluß* des Paulus selbst dazu: »Gott« seinen eignen Willen zu nennen, *thora,* das ist urjüdisch. Paulus *will* »die Weisheit der Welt« zuschanden machen: seine Feinde sind *die guten* Philologen und Ärzte alexandrinischer Schulung –, ihnen macht er den Krieg. In der Tat, man ist nicht Philolog und Arzt, ohne nicht zugleich auch *Antichrist* zu sein.

Als Philolog schaut man nämlich *hinter* die »heiligen Bücher«, als Arzt *hinter* die physiologische Verkommenheit des typischen Christen. Der Arzt sagt »unheilbar«, der Philolog »Schwindel«...

48

– Hat man eigentlich die berühmte Geschichte verstanden, die am Anfang der Bibel steht – von der Höllenangst Gottes vor der *Wissenschaft?*... Man hat sie nicht verstanden. Dies Priesterbuch *par excellence* beginnt, wie billig, mit der großen inneren Schwierigkeit des Priesters: *er* hat nur *eine* große *Gefahr, folglich* hat »Gott« nur *eine* große Gefahr. –

Der alte Gott, ganz »Geist«, ganz Hoherpriester, ganz Vollkommenheit, lustwandelt in seinen Gärten: nur daß er sich langweilt. Gegen die Langeweile kämpfen Götter selbst vergebens. Was tut er? Er erfindet den Menschen – der Mensch ist unterhaltend... Aber siehe da, auch der Mensch langweilt sich. Das Erbarmen Gottes mit der einzigen Not, die alle Paradiese an sich haben, kennt keine Grenzen: er schuf alsbald noch andre Tiere. *Erster* Fehlgriff Gottes: der Mensch fand die Tiere nicht unterhaltend – er herrschte über sie, er wollte nicht einmal »Tier« sein. – Folglich schuf Gott das Weib. Und in der Tat, mit der Langeweile hatte es nun ein Ende – aber auch mit anderem noch! Das Weib war der *zweite* Fehlgriff Gottes. – »Das Weib ist seinem Wesen nach Schlange, Heva« – das weiß jeder Priester; »vom Weib kommt *jedes* Unheil in der Welt« – das weiß ebenfalls jeder Priester. »*Folglich* kommt von ihm auch die *Wissenschaft*«... Erst durch das Weib lernte der Mensch vom Baume der Erkenntnis kosten.

– Was war geschehn? Den alten Gott ergriff eine Höllenangst. Der Mensch selbst war sein *größter* Fehlgriff geworden, er hatte sich einen Rivalen geschaffen, die Wissenschaft macht *gottgleich,* – es ist mit Priestern und Göttern zu Ende, wenn der Mensch wissenschaftlich wird! – *Moral:* die Wissenschaft ist das Verbotene an sich – sie allein ist verboten. Die Wissenschaft ist die *erste* Sünde, der Keim aller Sünde, die *Erb*sünde. *Dies allein ist Moral.* – »Du sollst *nicht* erkennen« – der Rest folgt daraus. – Die Höllenangst Gottes verhinderte ihn nicht, klug zu sein. Wie *wehrt* man sich gegen die Wissenschaft? das wurde für lange sein Hauptproblem. Antwort: fort mit dem Menschen aus dem Paradiese! Das Glück, der Müßiggang bringt auf Gedanken – alle Gedanken sind schlechte Gedanken... Der Mensch *soll* nicht denken. – Und der »Priester an sich« erfindet die Not, den Tod, die Lebensgefahr der Schwangerschaft, jede Art von Elend, Alter, Mühsal, die *Krankheit* vor allem – lauter Mittel im Kampfe mit der Wissenschaft! Die Not *erlaubt* dem Menschen nicht, zu denken... Und trotzdem! entsetzlich! Das Werk der Erkenntnis türmt sich auf, himmelstürmend, götterandämmernd – was tun! – Der alte Gott erfindet den *Krieg,* er trennt die Völker, er macht, daß die Menschen sich gegenseitig vernichten (– die Priester haben immer den Krieg nötig gehabt...). Der Krieg – unter anderem ein großer Störenfried der Wissenschaft! – Unglaublich! Die Erkenntnis, die *Emanzipation vom Priester,* nimmt selbst trotz Kriegen zu. – Und ein letzter Entschluß kommt dem alten Gotte: »der Mensch ward wissenschaftlich – *es hilft nichts, man muß ihn ersäufen!*«...

49

– Man hat mich verstanden. Der Anfang der Bibel enthält die *ganze* Psychologie des Priesters. – Der Priester kennt nur *eine* große Gefahr: das ist die Wissenschaft – der gesunde Begriff von Ursache und Wirkung. Aber die Wissenschaft gedeiht im ganzen nur unter glücklichen Verhältnissen – man muß Zeit, man muß Geist *überflüssig* haben, um zu »erkennen«... »*Folglich* muß man den Menschen unglücklich machen« – dies war zu jeder Zeit die Logik des Priesters. – Man errät bereits, *was,* dieser Logik gemäß, damit erst in die Welt gekommen ist – die »*Sünde*«... Der Schuld- und Strafbegriff, die ganze »sittliche Weltordnung« ist erfunden *gegen* die Wissenschaft – *gegen* die Ablösung des Menschen vom Priester... Der Mensch soll *nicht* hinaus-, er soll in sich hineinsehn; er soll *nicht* klug und vorsichtig, als Lernender, in die Dinge sehn, er soll überhaupt gar nicht sehn: er soll *leiden*... Und er soll so leiden, daß er jederzeit den Priester nötig hat. – Weg mit den Ärzten! *Man hat einen Heiland nötig.* – Der Schuld- und Straf-Begriff, eingerechnet die Lehre von der »Gnade«, von der »Erlösung«, von der »Vergebung« – *Lügen* durch und durch und ohne jede psychologische Realität – sind erfunden, um den *Ursachen-Sinn* des Menschen zu zerstören: sie sind das Attentat gegen den Begriff Ursache und Wirkung! – Und *nicht* ein Attentat mit der Faust, mit dem Messer, mit der Ehrlichkeit in Haß und Liebe! Sondern aus den feigsten, listigsten, niedrigsten Instinkten heraus! Ein *Priester*-Attentat! Ein *Parasiten*-Attentat! Ein Vampyrismus bleicher unter-irdischer Blutsauger!... Wenn die natürlichen Folgen einer Tat nicht mehr »natürlich« sind, sondern durch Begriffs-Gespenster des

Aberglaubens, durch »Gott«, durch »Geister«, durch »Seelen« bewirkt gedacht werden, als bloß »moralische« Konsequenzen, als Lohn, Strafe, Wink, Erziehungsmittel, so ist die Voraussetzung zur Erkenntnis zerstört – *so hat man das größte Verbrechen an der Menschheit begangen.* – Die Sünde, nochmals gesagt, diese Selbstschändungs-Form des Menschen *par excellence,* ist erfunden, um Wissenschaft, um Kultur, um jede Erhöhung und Vornehmheit des Menschen unmöglich zu machen; der Priester *herrscht* durch die Erfindung der Sünde. –

50

– Ich erlasse mir an dieser Stelle eine Psychologie des »Glaubens«, der »Gläubigen« nicht, zum Nutzen, wie billig, gerade der »Gläubigen«. Wenn es heute noch an solchen nicht fehlt, die es nicht wissen, inwiefern es *unanständig* ist, »gläubig« zu sein – *oder* ein Abzeichen von *décadence,* von gebrochnem Willen zum Leben –, morgen schon werden sie es wissen. Meine Stimme erreicht auch die Harthörigen. – Es scheint, wenn anders ich mich nicht verhört habe, daß es unter Christen eine Art Kriterium der Wahrheit gibt, das man den »Beweis der Kraft« nennt. »Der Glaube macht selig: *also* ist er wahr.« – Man dürfte hier zunächst einwenden, daß gerade das Seligmachen nicht bewiesen, sondern nur *versprochen* ist: die Seligkeit an die Bedingung des »Glaubens« geknüpft – man *soll* selig werden, *weil* man glaubt... Aber *daß* tatsächlich eintritt, was der Priester dem Gläubigen für das jeder Kontrolle unzugängliche »Jenseits« verspricht, womit bewiese sich *das?* – Der angebliche »Beweis der Kraft« ist also im Grunde wieder nur ein Glaube daran, daß die Wirkung nicht ausbleibt, welche man sich vom Glauben verspricht. In Formel: »Ich glaube, daß der Glaube selig macht – *folglich* ist er wahr.« – Aber damit sind wir schon am Ende. Dies »folglich« wäre das *absurdum* selbst als Kriterium der Wahrheit. – Setzen wir aber, mit einiger Nachgiebigkeit, daß das Seligmachen durch den Glauben bewiesen sei (– *nicht* nur gewünscht, *nicht* nur durch den etwas verdächtigen Mund eines Priesters versprochen): wäre Seligkeit – technischer geredet, *Lust* – jemals ein Beweis der Wahrheit? So wenig, daß es beinahe den Gegenbeweis, jedenfalls den höchsten Argwohn gegen »Wahrheit« abgibt, wenn Lustempfindungen über die Frage »was ist wahr?« mitreden. Der Beweis der »Lust« ist ein Beweis *für* »Lust« – nichts mehr; woher um alles in der Welt stünde es fest, daß gerade *wahre* Urteile mehr Vergnügen machten als falsche und, gemäß einer prästabilierten

Harmonie, angenehme Gefühle mit Notwendigkeit hinter sich dreinzögen? – Die Erfahrung aller strengen, aller tief gearteten Geister lehrt *das Umgekehrte.* Man hat jeden Schrittbreit Wahrheit sich abringen müssen, man hat fast alles dagegen preisgeben müssen, woran sonst das Herz, woran unsre Liebe, unser Vertrauen zum Leben hängt. Es bedarf Größe der Seele dazu: der Dienst der Wahrheit ist der härteste Dienst. – Was heißt denn *rechtschaffen* sein in geistigen Dingen? Daß man streng gegen sein Herz ist, daß man die »schönen Gefühle« verachtet, daß man sich aus jedem Ja und Nein ein Gewissen macht! – – – Der Glaube macht selig: *folglich* lügt er...

51

Daß der Glaube unter Umständen selig macht, daß Seligkeit aus einer fixen Idee noch nicht eine *wahre* Idee macht, daß der Glaube keine Berge versetzt, wohl aber Berge *hinsetzt,* wo es keine gibt: ein flüchtiger Gang durch ein *Irrenhaus* klärt zur Genüge darüber auf. *Nicht* freilich einen Priester: denn der leugnet aus Instinkt, daß Krankheit Krankheit, daß Irrenhaus Irrenhaus ist. Das Christentum hat die Krankheit *nötig,* ungefähr wie das Griechentum einen Überschuß von Gesundheit nötig hat – krank-*machen* ist die eigentliche Hinterabsicht des ganzen Heilsprozeduren-Systems der Kirche. Und die Kirche selbst – ist sie nicht das katholische Irrenhaus als letztes Ideal? – Die Erde überhaupt als Irrenhaus? – Der religiöse Mensch, wie ihn die Kirche *will,* ist ein typischer *décadent;* der Zeitpunkt, wo eine religiöse Krisis über ein Volk Herr wird, ist jedesmal durch Nerven-Epidemien gekennzeichnet; die »innere Welt« des religiösen Menschen sieht der »inneren Welt« der Überreizten und Erschöpften zum Verwechseln ähnlich; die »höchsten« Zustände, welche das Christentum als Wert aller Werte über der Menschheit aufgehängt hat, sind epileptoide Formen – die Kirche hat nur Verrückte *oder* große Betrüger in *majorem dei honorem* heilig gesprochen... Ich habe mir einmal erlaubt, den ganzen christlichen Buß- und Erlösungs-*training* (den man heute am besten in England studiert) als eine methodisch erzeugte *folie circulaire* zu bezeichnen, wie billig, auf einem bereits dazu vorbereiteten, das heißt gründlich morbiden Boden. Es steht niemandem frei, Christ zu werden: man wird zum Christentum nicht »bekehrt« – man muß krank genug dazu sein... Wir anderen, die wir den *Mut* zur Gesundheit *und* auch zur Verachtung haben, wie dürfen *wir* eine Religion verachten, die den Leib mißverstehn lehrte! die den Seelen-

Aberglauben nicht loswerden will! die aus der unzureichenden Ernährung ein »Verdienst« macht! die in der Gesundheit eine Art Feind, Teufel, Versuchung bekämpft! die sich einredete, man könne eine »vollkommne Seele« in einem Kadaver von Leib herumtragen, und dazu nötig hatte, einen neuen Begriff der »Vollkommenheit« sich zurechtzumachen, ein bleiches, krankhaftes, idiotisch-schwärmerisches Wesen, die sogenannte »Heiligkeit« – Heiligkeit, selbst bloß eine Symptomen-Reihe des verarmten, entnervten, unheilbar verdorbenen Leibes!... Die christliche Bewegung, als eine europäische Bewegung, ist von vornherein eine Gesamt-Bewegung der Ausschuß- und Abfalls-Elemente aller Art (– diese wollen mit dem Christentum zur Macht). Sie drückt *nicht* den Niedergang einer Rasse aus, sie ist eine Aggregat-Bildung sich zusammendrängender und sich suchender *décadence*' Formen von überall. Es ist *nicht,* wie man glaubt, die Korruption des Altertums selbst, des *vornehmen* Altertums, was das Christentum ermöglichte: man kann dem gelehrten Idiotismus, der auch heute noch so etwas aufrechterhält, nicht hart genug widersprechen. In der Zeit, wo die kranken, verdorbenen Tschandala-Schichten im ganzen *imperium* sich christianisierten, war gerade der *Gegentypus,* die Vornehmheit, in ihrer schönsten und reifsten Gestalt vorhanden. Die große Zahl wurde Herr; der Demokratismus der christlichen Instinkte *siegte...* Das Christentum war nicht »national«, nicht rassebedingt – es wendete sich an jede Art von Enterbten des Lebens, es hatte seine Verbündeten überall. Das Christentum hat die Ranküne der Kranken auf dem Grunde, den Instinkt *gegen* die Gesunden, *gegen* die Gesundheit gerichtet. Alles Wohlgeratene, Stolze, Übermütige, die Schönheit vor allem tut ihm in Ohren und Augen weh. Nochmals erinnre ich an das unschätzbare Wort des Paulus; »Was *schwach* ist vor der Welt, was *töricht* ist vor der Welt, das *Unedle* und *Verachtete* vor der Welt hat Gott erwählet«: *das* war die Formel, *in hoc signo* siegte die *décadence.* – *Gott am Kreuze* – versteht man immer noch die furchtbare Hintergedanklichkeit dieses Symbols nicht? – Alles was leidet, alles was am Kreuze hängt, ist *göttlich...* Wir alle hängen am Kreuze, folglich sind *wir* göttlich... Wir allein sind göttlich... Das Christentum war ein Sieg, eine *vornehmere* Gesinnung ging an ihm zugrunde – das Christentum war bisher das größte Unglück der Menschheit. – –

Das Christentum steht auch im Gegensatz zu aller *geistigen* Wohlgeratenheit – es *kann* nur die kranke Vernunft als christliche Vernunft brauchen, es nimmt die Partei alles Idiotischen, es spricht den Fluch aus gegen den »Geist«, gegen die *superbia* des gesunden Geistes. Weil die Krankheit zum Wesen des Christentums gehört, *muß* auch der typisch-christliche Zustand, »der Glaube«, eine Krankheitsform sein, *müssen* alle geraden, rechtschaffnen, wissenschaftlichen Wege zur Erkenntnis von der Kirche als *verbotene* Wege abgelehnt werden. Der Zweifel bereits ist eine Sünde... Der vollkommne Mangel an psychologischer Reinlichkeit beim Priester – im Blick sich verratend – ist eine *Folge*erscheinung der *décadence* – man hat die hysterischen Frauenzimmer, andrerseits rachitisch angelegte Kinder darauf hin zu beobachten, wie regelmäßig Falschheit aus Instinkt, Lust zu lügen, um zu lügen, Unfähigkeit zu geraden Blicken und Schritten der Ausdruck von *décadence* ist. »Glaube« heißt Nicht-wissen-*wollen*, was wahr ist. Der Pietist, der Priester beiderlei Geschlechts, ist falsch, *weil* er krank ist: sein Instinkt *verlangt,* daß die Wahrheit an keinem Punkt zu Rechte kommt. »Was krank macht, ist *gut;* was aus der Fülle, aus dem Überfluß, aus der Macht kommt, ist *böse«:* so empfindet der Gläubige. Die *Unfreiheit zur Lüge* – daran errate ich jeden vorherbestimmten Theologen. – Ein andres Abzeichen des Theologen ist sein *Unvermögen zur Philologie.* Unter Philologie soll hier, in einem sehr allgemeinen Sinne, die Kunst, gut zu lesen, verstanden werden – Tatsachen ablesen können, *ohne* sie durch Interpretation zu fälschen, *ohne* im Verlangen nach Verständnis die Vorsicht, die Geduld, die Feinheit zu verlieren. Philologie als *Ephexis* in der Interpretation: handle es sich nun um Bücher, um Zeitungs-Neuigkeiten, um Schicksale oder »Wetter-Tatsachen – nicht zu reden vom »Heil der Seele«... Die Art, wie ein Theolog, gleichgültig ob in Berlin oder in Rom, ein »Schriftwort« auslegt oder ein Erlebnis, einen Sieg des vaterländischen Heers zum Beispiel unter der höheren Beleuchtung der Psalmen Davids, ist immer dergestalt *kühn,* daß ein Philolog dabei an allen Wänden emporläuft. Und was soll er gar anfangen, wenn Pietisten und andre Kühe aus dem Schwabenlande den armseligen Alltag und Stubenrauch ihres Daseins mit dem »Finger Gottes« zu einem Wunder von »Gnade«, von »Vorsehung«, von »Heilserfahrungen« zurecht machen! Der bescheidenste Aufwand von Geist, um nicht zu sagen von *Anstand,* müßte diese Interpreten doch dazu bringen, sich des vollkommen Kindischen und Unwürdigen eines solchen Mißbrauchs der göttlichen Fingerfertigkeit zu überführen. Mit einem noch so kleinen Maße von Frömmigkeit im Leibe sollte uns ein Gott, der zur rechten Zeit vom Schnupfen kuriert, oder der uns in einem Augenblick in die Kutsche steigen heißt, wo gerade ein großer Regen losbricht, ein so absurder Gott sein, daß man ihn abschaffen müßte, selbst wenn er existierte. Ein Gott als Dienstbote, als Briefträger, als Kalendermann – im Grunde ein Wort für die dümmste Art aller Zufälle... Die »göttliche Vorsehung«, wie sie heute noch ungefähr jeder dritte Mensch im »gebildeten Deutschland« glaubt, wäre ein Einwand gegen Gott, wie er stärker gar nicht gedacht werden könnte. Und in jedem Fall ist er ein Einwand gegen Deutsche!...

53

– Daß *Märtyrer* etwas für die Wahrheit einer Sache beweisen, ist so wenig wahr, daß ich leugnen möchte, es habe je ein Märtyrer überhaupt etwas mit der Wahrheit zu tun gehabt. In dem Tone, mit dem ein Märtyrer sein Für-wahr-halten der Welt an den Kopf wirft, drückt sich bereits ein so niedriger Grad intellektueller Rechtschaffenheit, eine solche *Stumpfheit* für die Frage »Wahrheit« aus, daß man einen Märtyrer nie zu widerlegen braucht. Die Wahrheit ist nichts, was einer hätte und ein andrer nicht hätte: so können höchstens Bauern oder Bauern-Apostel nach Art Luthers über die Wahrheit denken. Man darf sicher sein, daß je nach dem Grade der Gewissenhaftigkeit in Dingen des Geistes die Bescheidenheit, die *Bescheidung* in diesem Punkte immer größer wird. In fünf Sachen *wissen,* und mit zarter Hand es ablehnen, *sonst* zu wissen... »Wahrheit«, wie das Wort jeder Prophet, jeder Sektierer, jeder Freigeist, jeder Sozialist, jeder Kirchenmann versteht, ist ein vollkommner Beweis dafür, daß auch noch nicht einmal der Anfang mit jener Zucht des Geistes und Selbstüberwindung gemacht ist, die zum Finden irgendeiner kleinen, noch so kleinen Wahrheit not tut. – Die Märtyrer-Tode, anbei gesagt, sind ein großes Unglück in der Geschichte gewesen: sie *verführten*... Der Schluß aller Idioten, Weib und Volk eingerechnet, daß es mit einer Sache, für die jemand in den Tod geht (oder die gar, wie das erste Christentum, todsüchtige Epidemien erzeugt), etwas auf sich habe – dieser Schluß ist der Prüfung, dem Geist der Prüfung und Vorsicht unsäglich zum Hemmschuh geworden. Die Märtyrer *schadeten* der Wahrheit... Auch heute noch bedarf es nur einer Krudität der Verfolgung, um einer an sich noch so gleichgültigen Sektiererei einen *ehrenhaften* Namen zu

schaffen. – Wie? ändert es am Werte einer Sache etwas, daß jemand für sie sein Leben läßt? – Ein Irrtum, der ehrenhaft wird, ist ein Irrtum, der einen Verführungsreiz mehr besitzt: glaubt ihr, daß wir euch Anlaß geben würden, ihr Herrn Theologen, für eure Lüge die Märtyrer zu machen? – Man widerlegt eine Sache, indem man sie achtungsvoll aufs Eis legt – ebenso widerlegt man auch Theologen... Gerade das war die welthistorische Dummheit aller Verfolger, daß sie der gegnerischen Sache den Anschein des Ehrenhaften gaben – daß sie ihr die Faszination des Martyriums zum Geschenk machten... Das Weib liegt heute noch auf den Knien vor einem Irrtum, weil man ihm gesagt hat, daß jemand dafür am Kreuze starb. *Ist denn das Kreuz ein Argument?* – – Aber über alle diese Dinge hat einer allein das Wort gesagt, das man seit Jahrtausenden nötig gehabt hätte – *Zarathustra*.
Blutzeichen schrieben sie auf den Weg, den sie gingen, und ihre Torheit lehrte, daß man mit Blut Wahrheit beweise.
Aber Blut ist der schlechteste Zeuge der Wahrheit; Blut vergiftet die reinste Lehre noch zu Wahn und Haß der Herzen.
Und wenn einer durchs Feuer ginge für seine Lehre – was beweist dies! Mehr ist's wahrlich, daß aus eignem Brande die eigne Lehre kommt.

54

Man lasse sich nicht irreführen: große Geister sind Skeptiker. Zarathustra ist ein Skeptiker. Die Stärke, die *Freiheit* aus der Kraft und Überkraft des Geistes *beweist* sich durch Skepsis. Menschen der Überzeugung kommen für alles Grundsätzliche von Wert und Unwert gar nicht in Betracht. Überzeugungen sind Gefängnisse. Das sieht nicht weit genug, das sieht nicht *unter* sich: aber um über Wert und Unwert mitreden zu dürfen, muß man fünfhundert Überzeugungen *unter* sich sehn – *hinter* sich sehn... Ein Geist, der Großes will, der auch die Mittel dazu will, ist mit Notwendigkeit Skeptiker. Die Freiheit von jeder Art Überzeugungen *gehört* zur Stärke, das Frei-Blicken-*können*... Die große Leidenschaft, der Grund und die Macht seines Seins, noch auf-geklärter, noch despotischer, als er selbst es ist, nimmt seinen ganzen Intellekt in Dienst; sie macht unbedenklich; sie gibt ihm Mut sogar zu unheiligen Mitteln; sie *gönnt* ihm unter Umständen Überzeugungen. Die Überzeugung als *Mittel*: vieles erreicht man nur mittelst einer Überzeugung. Die große Leidenschaft braucht, verbraucht Über-zeugungen, sie unterwirft sich ihnen nicht – sie weiß sich souverän. - Umgekehrt: das Bedürfnis nach Glauben, nach irgend etwas

Unbedingtem von Ja und Nein, der Carlylismus, wenn man mir dies Wort nachsehn will, ist ein Bedürfnis der *Schwäche*. Der Mensch des Glaubens, der »Gläubige« jeder Art ist notwendig ein abhängiger Mensch – ein solcher, der *sich* nicht als Zweck, der von sich aus überhaupt nicht Zwecke ansetzen kann. Der »Gläubige« gehört *sich* nicht, er kann nur Mittel sein, er muß *verbraucht* werden, er hat jemand nötig, der ihn verbraucht. Sein Instinkt gibt einer Moral der Entselbstung die höchste Ehre: zu ihr überredet ihn alles, seine Klugheit, seine Erfahrung, seine Eitelkeit. Jede Art Glaube ist selbst ein Ausdruck von Entselbstung, von Selbst-Entfremdung... Erwägt man, wie notwendig den allermeisten ein Regulativ ist, das sie von außen her bindet und fest macht, wie der Zwang, in einem höheren Sinn die *Sklaverei*, die einzige und letzte Bedingung ist, unter der der willens-schwächere Mensch, zumal das Weib, gedeiht: so versteht man auch die Überzeugung, den »Glauben«. Der Mensch der Überzeugung hat in ihr sein Rückgrat. Viele Dinge *nicht* sehn, in keinem Punkte unbe-fangen sein, Partei sein durch und durch, eine strenge und notwendige Optik in allen Werten haben – das allein bedingt es, daß eine solche Art Mensch überhaupt besteht. Aber damit ist sie der Gegensatz, der *Antagonist* des Wahrhaftigen – der Wahrheit... Dem Gläubigen steht es nicht frei, für die Frage »wahr« und »unwahr« überhaupt ein Gewissen zu haben: rechtschaffen sein an *dieser* Stelle wäre sofort sein Untergang. Die pathologische Bedingtheit seiner Optik macht aus dem Überzeugten den Fanatiker – Savonarola, Luther, Rousseau, Robespierre, Saint-Simon –, den Gegensatz-Typus des starken, des *frei*gewordnen Geistes. Aber die große Attitüde dieser *kranken* Geister, dieser Epileptiker des Begriffs, wirkt auf die große Masse – die Fanatiker sind pittoresk, die Menschheit sieht Gebärden lieber, als daß sie *Gründe* hört...

55

– Einen Schritt weiter in der Psychologie der Überzeugung, des »Glaubens«. Es ist schon lange von mir zur Erwägung anheimgegeben worden, ob nicht die Überzeugungen gefährlichere Feinde der Wahr-heit sind als die Lügen (Menschliches, Allzumenschliches I, Aphorismus 54 und 483). Diesmal möchte ich die entscheidende Frage tun: besteht zwischen Lüge und Überzeugung überhaupt ein Gegensatz? – Alle Welt glaubt es; aber was glaubt nicht alle Welt! – Eine jede Überzeugung hat ihre Geschichte, ihre Vorformen, ihre Tentativen und Fehlgriffe: sie *wird* Überzeugung, nachdem sie es lange *nicht* ist, nachdem sie es noch länger *kaum* ist. Wie? könnte unter diesen Embryonal-Formen der Überzeugung nicht auch die Lüge sein? – Mitunter bedarf es bloß eines Personen-Wechsels: im Sohn wird Überzeugung, was im Vater noch Lüge war. – Ich nenne Lüge: etwas *nicht* sehn wollen, das man sieht, etwas nicht *so* sehn wollen, wie man es sieht: ob die Lüge vor Zeugen oder ohne Zeugen statthat, kommt nicht in Betracht. Die gewöhnlichste Lüge ist die, mit der man sich selbst belügt; das Belügen andrer ist relativ der Ausnahmefall. – Nun ist dies *Nicht*-sehn-wollen, was man sieht, dies Nicht-so-sehn-wollen, wie man es sieht, beinahe die erste Bedingung für alle, die *Partei* sind, in irgendwelchem Sinne: der Parteimensch wird mit Notwendigkeit Lügner. Die deutsche Geschichtsschreibung zum Befiel ist überzeugt, daß Rom der Despotismus war, daß die Germanen den Geist der Freiheit in die Welt gebracht haben: welcher Unterschied ist zwischen dieser Überzeugung und einer Lüge? Darf man sich noch darüber wundern, wenn, aus Instinkt, alle Parteien, auch die deutschen Historiker, die großen Worte der Moral im Munde haben – daß die Moral beinahe dadurch *fortbesteht,* daß der Parteimensch jeder Art jeden Augenblick sie nötig hat? – »Dies ist *unsre* Überzeugung: wir bekennen sie vor aller Welt, wir leben und sterben für sie – Respekt vor allem, was Überzeugungen hat!« – dergleichen habe ich sogar aus dem Mund von Antisemiten gehört. Im Gegenteil, meine Herrn! Ein Antisemit wird dadurch durchaus nicht anständiger, daß er aus Grundsatz lügt... Die Priester, die in solchen Dingen feiner sind und den Einwand sehr gut verstehn, der im Begriff einer Überzeugung, das heißt einer grundsätzlichen, *weil* zweckdienlichen Verlogenheit liegt, haben von den Juden her die Klugheit überkommen, an dieser Stelle den Begriff »Gott«, »Wille Gottes«, »Offenbarung Gottes« einzuschieben. Auch Kant, mit seinem kategorischen Imperativ, war auf dem gleichen Wege: seine Vernunft wurde hierin *praktisch.* – Es gibt Fragen, wo über Wahrheit und Unwahrheit dem Menschen die Entscheidung *nicht* zusteht; alle obersten Fragen, alle obersten Wert-Probleme sind jenseits der menschlichen Vernunft... Die Grenzen der Vernunft begreifen – *das* erst ist wahrhaft Philosophie... Wozu gab Gott dem Menschen die Offenbarung? Würde Gott etwas Überflüssiges getan haben? Der Mensch *kam* von sich nicht selber wissen, was gut und böse ist, darum lehrte ihn Gott seinen Willen... Moral: der Priester lügt *nicht* – die Frage »wahr« oder »unwahr« *gibt* es nicht in solchen Dingen, von denen Priester reden; diese Dinge erlauben gar nicht zu lügen. Denn um zu lügen, müßte man entscheiden können, *was* hier wahr ist. Aber das *kann* eben der Mensch nicht; der Priester ist damit nur das Mundstück Gottes. – Ein solcher Priester-Syllogismus ist durchaus nicht bloß jüdisch und christlich; das Recht zur Lüge und die *Klugheit* der »Offenbarung« gehört dem Typus Priester an, den décadence-Priestern so gut als den Heidentum-Priestern (– Heiden sind alle, die zum Leben ja sagen, denen »Gott« das Wort für das große Ja zu allen Dingen ist). – Das »Gesetz«, der »Wille Gottes«, das »heilige Buch«, die »Inspiration« – alles nur Worte für die Bedingungen, *unter* denen der Priester zur Macht kommt, *mit* denen er seine Macht aufrecht erhält – diese Begriffe finden sich auf dem Grunde aller Priester-Organisationen, aller priesterlichen oder philosophisch- priesterlichen Herrschaftsgebilde. Die »heilige Lüge«-dem Konfuzius, dem Gesetzbuch des Manu, dem Mohammed, der christlichen Kirche gemeinsam –: sie fehlt nicht bei Plato. »Die Wahrheit ist da«: dies bedeutet, wo nur es laut wird, *der Priester lügt...*

56

– Zuletzt kommt es darauf an, zu welchem *Zweck* gelogen wird. Daß im Christentum die »heiligen« Zwecke fehlen, ist *mein* Einwand gegen seine Mittel. Nur *schlechte* Zwecke: Vergiftung, Verleumdung, Verneinung des Lebens, die Verachtung des Leibes, die Herabwürdigung und Selbstschändung des Menschen durch den Begriff Sünde – *folglich* sind auch seine Mittel schlecht. – Ich lese mit einem entgegengesetzten Gefühle das Gesetzbuch des *Manu*, ein unvergleichlich geistiges und überlegenes Werk, das mit der Bibel auch nur in einem Atem *nennen* eine Sünde wider den *Geist* wäre. Man errät sofort: es hat eine wirkliche Philosophie hinter sich, *in* sich, nicht bloß ein übelriechendes Judain von Rabbinismus und Aberglauben – es gibt selbst dem verwöhntesten Psychologen etwas zu beißen. *Nicht* die Hauptsache zu vergessen, *der* Grundunterschied von jeder Art von Bibel: die *vornehmen* Stände, die Philosophen und die Krieger, halten mit ihm ihre Hand über der Menge; vornehme Werte überall, ein Vollkommenheits-Gefühl, ein Jasagen zum Leben, ein triumphierendes Wohlgefühl an sich und am Leben – die *Sonne* liegt auf dem ganzen Buch. – Alle die Dinge, an denen das Christentum seine unergründliche Gemeinheit ausläßt, die Zeugung zum Beispiel, das Weib, die Ehe, werden hier ernst, mit Ehrfurcht, mit Liebe und Zutrauen behandelt. Wie kann man eigentlich ein Buch in die Hände von Kindern und Frauen legen, das jenes niederträchtige Wort enthält: »Um der Hurerei willen habe ein jeglicher sein eignes Weib und eine jegliche ihren eignen Mann... es ist besser freien denn Brunst leiden«? Und *darf* man Christ sein, solange mit dem Begriff der *immaculata conceptio* die Entstehung des Menschen verchristlicht, das heißt *beschmutzt* ist?... Ich kenne kein Buch, wo dem Weibe so viele zarte und gütige Dinge gesagt würden, wie im Gesetzbuch des Manu; diese alten Graubärte und Heiligen haben eine Art, gegen Frauen artig zu sein, die vielleicht nicht übertroffen ist. »Der Mund einer Frau« – heißt es einmal –, »der Busen eines Mädchens, das Gebet eines Kindes, der Rauch des Opfers sind immer rein.« Eine andre Stelle: »es gibt gar nichts Reineres als das Licht der Sonne, den Schatten einer Kuh, die Luft, das Wasser, das Feuer und den Atem eines Mädchens.« Eine letzte Stelle – vielleicht auch eine heilige Lüge –: »alle Öffnungen des Leibes oberhalb des Nabels sind rein, alle unterhalb sind unrein. Nur beim Mädchen ist der ganze Körper rein.«

57

Man ertappt die *Unheiligkeit* der christlichen Mittel *in flagranti,* wenn man den *christlichen* Zweck einmal an dem Zweck des Manu-Gesetzbuches mißt – wenn man diesen größten Zweck-Gegensatz unter starkes Licht bringt. Es bleibt dem Kritiker des Christentums nicht erspart, das Christentum *verächtlich* zu machen. – Ein solches Gesetzbuch, wie das des Manu, entsteht wie jedes gute Gesetzbuch: es resümiert die Erfahrung, Klugheit und Experimental-Moral von langen Jahrhunderten, es schließt ab, es schafft nichts mehr. Die Voraussetzung zu einer Kodifikation seiner Art ist die Einsicht, daß die Mittel einer langsam und kostspielig erworbenen *Wahrheit* Autorität zu schaffen, grundverschieden von denen sind, mit denen man sie beweisen würde. Ein Gesetzbuch erzählt niemals den Nutzen, die Gründe, die Kasuistik in der Vorgeschichte eines Gesetzes: eben damit würde es den imperativischen Ton einbüßen, das »du sollst«, die Voraussetzung dafür, daß gehorcht wird. Das Problem liegt genau hierin. – An einem gewissen Punkte der Entwicklung eines Volks erklärt die einsichtigste, das heißt rück- und hinausblickendste Schicht desselben, die Erfahrung, nach der gelebt werden soll – das heißt *kann* –, für abgeschlossen. Ihr Ziel geht dahin, die Ernte möglichst reich und vollständig von den Zeiten des Experiments und der *schlimmen* Erfahrung heimzubringen. Was folglich vor allem jetzt zu verhüten ist, das ist das Noch-Fort-Experimentieren, die Fortdauer des flüssigen

Zustands der Werte, das Prüfen, Wählen, Kritik-Üben der Werte *in infintum.* Dem stellt man eine doppelte Mauer entgegen: einmal die *Offenbarung,* das ist die Behauptung, die Vernunft jener Gesetze sei *nicht* menschlicher Herkunft, *nicht* langsam und unter Fehlgriffen gesucht und gefunden, sondern, als göttlichen Ursprungs, ganz, vollkommen, ohne Geschichte, ein Geschenk, ein Wunder, bloß mitgeteilt... Sodann die *Tradition,* das ist die Behauptung, daß das Gesetz bereits seit uralten Zeiten bestanden habe, daß es pietätlos, ein Verbrechen an den Vorfahren sei, es in Zweifel zu ziehn. Die Autorität des Gesetzes begründet sich mit den Thesen: Gott *gab* es, die Vorfahren *lebten* es. – Die höhere Vernunft einer solchen Prozedur liegt in der Absicht, das Bewußtsein Schritt für Schritt von dem als richtig erkannten (das heißt durch eine ungeheure und scharf durchgesiebte Erfahrung *bewiesenen*) Leben zurückzudrängen: so daß der vollkommne Automatismus des Instinkts erreicht wird – diese Voraussetzung zu jeder Art Meisterschaft, zu jeder Art Vollkommenheit in der Kunst des Lebens. Ein Gesetzbuch nach Art des Manu aufstellen, heißt einem Volke fürderhin zugestehn, Meister zu werden, vollkommen zu werden – die höchste Kunst des Lebens zu ambitionieren. *Dazu muß es unbewußt gemacht werden:* dies der Zweck jeder heiligen Lüge. – Die *Ordnung der Kasten,* das oberste, das dominierende Gesetz, ist nur die Sanktion einer *Natur-Ordnung,* Natur-Gesetzlichkeit ersten Ranges, über die keine Willkür, keine »moderne Idee« Gewalt hat. Es treten in jeder gesunden Gesellschaft, sich gegenseitig bedingend, drei physiologisch verschieden-gravitierende Typen auseinander, von denen jeder seine eigne Hygiene, sein eignes Reich von Arbeit, seine eigne Art Vollkommenheits-Gefühl und Meisterschaft hat. Die Natur, *nicht* Manu, trennt die vorwiegend Geistigen, die vorwiegend Muskel- und Temperaments-Starken und die weder im einen, noch im andern ausgezeichneten dritten, die Mittelmäßigen, voneinander ab – die letzteren als die große Zahl, die ersteren als die Auswahl. Die oberste Kaste – ich nenne sie *die Wenigsten* – hat als die vollkommne auch die Vorrechte der wenigsten: dazu gehört es, das Glück, die Schönheit, die Güte auf Erden darzustellen. Nur die geistigsten Menschen haben die Erlaubnis zur Schönheit, *zum* Schönen: nur bei ihnen ist Güte nicht Schwäche. *Pulchrum est paucorum hominum:* das Gute ist ein Vorrecht. Nichts kann ihnen dagegen weniger zugestanden werden als häßliche Manieren oder ein pessimistischer Blick, ein Auge, das *verhäßlicht –,* oder gar eine Entrüstung über den Gesamt-Aspekt der Dinge. Die Entrüstung ist das Vorrecht der Tschandala; der Pessimismus desgleichen. »*Die Welt ist vollkommen*« – so redet der Instinkt der Geistigsten, der jasagende Instinkt –: »die Unvoll-kommenheit, das *Unter*-uns jeder Art, die Distanz, das Pathos der Distanz, der Tschandala selbst gehört noch zu dieser Voll-kommenheit.« Die geistigsten Menschen, als die *Stärksten,* finden ihr Glück, worin andre ihren Untergang finden würden: im Labyrinth, in der Härte gegen sich und andre, im Versuch; ihre Lust ist die Selbstbezwingung: der Asketismus wird bei ihnen Natur, Bedürfnis, Instinkt. Die schwere Aufgabe gilt ihnen als Vorrecht; mit Lasten zu spielen, die andre erdrücken, eine *Erholung*... Erkenntnis – eine Form des Asketismus. – Sie sind die ehrwürdigste Art Mensch: das schließt nicht aus, daß sie die heiterste, die liebenswürdigste sind. Sie herrschen, nicht weil sie wollen, sondern weil sie *sind;* es steht ihnen nicht frei, die zweiten zu sein. – Die *zweiten:* das sind die Wächter des Rechts, die Pfleger der Ordnung und der Sicherheit, das sind die vornehmen Krieger, das ist der *König* vor allem als die höchste Formel von Krieger, Richter und Aufrechterhalter des Gesetzes. Die zweiten sind die Exekutive der Geistigsten, das Nächste, was zu ihnen gehört, das was ihnen alles *Grobe* in der Arbeit des Herrschens abnimmt – ihr Gefolge, ihre rechte Hand, ihre beste Schüleschaft. – In dem allem, nochmals gesagt, ist nichts von Willkür, nichts »gemacht«; was *anders* ist, ist gemacht – die Natur ist dann zuschanden gemacht... Die Ordnung der Kasten, die *Rangordnung,* formuliert nur das oberste Gesetz des Lebens selbst; die Abscheidung der drei Typen ist nötig zur Erhaltung der Gesellschaft, zur Ermöglichung höherer und höchster Typen – die *Ungleichheit* der Rechte ist erst die Bedingung dafür, daß es überhaupt Rechte gibt. – Ein Recht ist ein Vorrecht. In seiner Art Sein hat jeder auch sein Vorrecht. Unterschätzen wir die Vorrechte der *Mittelmäßigen* nicht. Das Leben nach der *Höhe* zu wird immer härter – die Kälte nimmt zu, die Verantwortlichkeit nimmt zu. Eine hohe Kultur ist eine Pyramide: sie kann nur auf einem breiten Boden stehn, sie hat zu allererst eine stark und gesund konsolidierte Mittelmäßigkeit zur Voraussetzung. Das Handwerk, der Handel, Ackerbau, die Wissen-schaft, der größte Teil der Kunst, der ganze Inbegriff der *Beruf*stätigkeit mit einem Wort, verträgt sich durchaus nur mit einem Mittelmaß im Können und Begehren; dergleichen wäre deplaziert unter Ausnahmen, der dazugehörige Instinkt widerspräche sowohl dem Aristokratismus als dem Anarchismus. Daß man ein öffentlicher Nutzen ist, ein Rad, eine Funktion, dazu gibt es eine Naturbestimmung: *nicht* die Gesell-schaft, die Art *Glück,* deren die allermeisten bloß fähig sind, macht aus ihnen intelligente Maschinen. Für den Mittelmäßigen ist mittelmäßig sein ein Glück; die Meisterschaft in einem, die Spezialität ein natürlicher

Instinkt. Es würde eines tieferen Geistes vollkommen unwürdig sein, in der Mittelmäßigkeit an sich schon einen Einwand zu sehn. Sie ist selbst die *erste* Notwendigkeit dafür, daß es Ausnahmen geben darf: eine hohe Kultur ist durch sie bedingt. Wenn der Ausnahme-Mensch gerade die Mittelmäßigen mit zarteren Fingern handhabt, als sich und seinesgleichen, so ist dies nicht bloß Höflichkeit des Herzens — es ist einfach seine *Pflicht*... Wen hasse ich unter dem Gesindel von Heute am besten? Das Sozialisten-Gesindel, die Tschandala-Apostel, die den Instinkt, die Lust, das Genügsamkeits-Gefühl des Arbeiters mit seinem kleinen Sein untergraben — die ihn neidisch machen, die ihn Rache lehren... Das Unrecht liegt niemals in ungleichen Rechten, es liegt im Anspruch auf »*gleiche*« Rechte... Was ist *schlecht*? Aber ich sagte es schon: alles, was aus Schwäche, aus Neid, aus *Rache* stammt. — Der Anarchist und der Christ sind einer Herkunft...

58

In der Tat, es macht einen Unterschied, zu welchem Zweck man lügt: ob man damit erhält oder *zerstört*. Man darf zwischen *Christ* und *Anarchist* eine vollkommne Gleichung aufstellen: ihr Zweck, ihr Instinkt geht nur auf Zerstörung. Den Beweis für diesen Satz hat man aus der Geschichte nur abzulesen: sie enthält ihn in entsetzlicher Deutlichkeit. Lernten wir eben eine religiöse Gesetzgebung kennen, deren Zweck war, die oberste Bedingung dafür, daß das Leben *gedeiht,* eine große Organisation der Gesellschaft zu »verewigen« — das Christentum hat seine Mission darin gefunden, mit eben einer solchen Organisation, *weil in ihr das Leben gedieh*, ein Ende zu machen. Dort sollte der Vernunft-Ertrag von langen Zeiten des Experiments und der Unsicherheit zum fernsten Nutzen angelegt und die Ernte so groß, so reichlich, so vollständig wie möglich heimgebracht werden: hier wurde, umgekehrt, über Nacht die Ernte *vergiftet*... Das, was *aere perennius* dastand, das *imperium Romanum,* die großartigste Organisations-Form unter schwierigen Bedingungen, die bisher erreicht worden ist, im Vergleich zu der alles Vorher, alles Nachher Stückwerk, Stümperei, Dilettantismus ist — jene heiligen Anarchisten haben sich eine »Frömmigkeit« daraus gemacht, »die Welt«, *das heißt* das *imperium Romanum* zu zerstören, bis kein Stein auf dem andern blieb — bis selbst Germanen und andre Rüpel darüber Herr werden konnten... Der Christ und der Anarchist: beide *décadents,* beide unfähig, anders als auflösend, vergiftend, verkümmernd, *blutaus-*

saugend zu wirken, beide der Instinkt des *Todhasses* gegen alles, was steht, was groß dasteht, was Dauer hat, was dem Leben Zukunft verspricht... Das Christentum war der Vampyr des *imperium Romanum* – es hat die ungeheure Tat der Römer, den Boden für eine große Kultur zu gewinnen, *die Zeit hat,* über Nacht ungetan gemacht. – Versteht man es immer noch nicht? Das *imperium Romanum,* das wir kennen, das uns die Geschichte der römischen Provinz immer besser kennen lehrt, dies bewunderungswürdigste Kunstwerk des großen Stils, war ein Anfang, sein Bau war berechnet, sich mit Jahrtausenden zu *beweisen* – es ist bis heute nie so gebaut, nie auch nur geträumt worden, in gleichem Maße *sub specie aeterni* zu bauen! – Diese Organisation war fest genug, schlechte Kaiser auszuhalten: der Zufall von Personen darf nichts in solchen Dingen zu tun haben – *erstes* Prinzip aller großen Architektur. Aber sie war nicht fest genug gegen die *korrupteste* Art Korruption, gegen den *Christen...* Dies heimliche Gewürm, das sich in Nacht, Nebel und Zweideutigkeit an alle einzelnen heranschlich und jedem einzelnen den Ernst für *wahre* Dinge, den Instinkt überhaupt für *Realitäten* aussog, diese feige, femininische und zuckersüße Bande hat Schritt für Schritt die »Seelen« diesem ungeheuren Bau entfremdet – jene wertvollen, jene männlich- vornehmen Naturen, die in der Sache Roms ihre eigne Sache, ihren eignen Ernst, ihren eignen Stolz empfanden. Diese Mucker-Schleicherei, die Konventikel-Heimlichkeit, düstere Begriffe wie Hölle, wie Opfer des Unschuldigen, wie *unio mystica* im Bluttrinken, vor allem das langsam aufgeschürte Feuer der Rache, der Tschandala-Rache – *das* wurde Herr über Rom, dieselbe Art von Religion, der in ihrer Präexistenz-Form schon Epikur den Krieg gemacht hatte. Man lese Lukrez, um zu begreifen, *was* Epikur bekämpft hat, *nicht* das Heidentum, sondern »das Christentum«, will sagen die Verderbnis der Seelen durch den Schuld-, durch den Straf- und Unsterblichkeits-Begriff. – Er bekämpfte die *unterirdischen* Kulte, das ganze latente Christentum – die Unsterblichkeit zu leugnen war damals schon eine wirkliche *Erlösung.* – Und Epikur hätte gesiegt, jeder achtbare Geist im römischen Reich war Epikureer: *da erschien Paulus...* Paulus, der Fleisch-, der Genie- gewordne Tschandala-Haß gegen Rom, gegen »die Welt«, der Jude, der *ewige* Jude *par excellence...* Was er erriet, das war, wie man mit Hilfe der kleinen sektiererischen Christen-Bewegung abseits des Judentums einen »Weltbrand« entzünden könne, wie man mit dem Symbol »Gott am Kreuze« alles Unten-Liegende, alles Heimlich- Aufrührerische, die ganze Erbschaft anarchistischer Umtriebe im Reich, zu einer ungeheuren Macht aufsummieren könne. »Das Heil kommt von den Juden.« – Das Christentum als Formel, um die unterirdischen Kulte aller Art, die des Osiris, der großen Mutter, des Mithras zum Beispiel, zu überbieten – *und* zu summieren: in dieser Einsicht besteht das Genie des Paulus. Sein Instinkt war darin so sicher, daß er die Vorstellungen, mit denen jene Tschandala-Religionen faszinierten, mit schonungsloser Gewalttätigkeit an der Wahrheit dem »Heilande« seiner Erfindung in den Mund legte, und nicht nur in den Mund – daß er aus ihm etwas *machte,* das auch ein Mithras-Priester verstehn konnte... Dies war sein Augenblick von Damaskus: er begriff, daß er den Unsterblichkeits-Glauben *nötig* hatte, um »die Welt« zu entwerten, daß der Begriff »Hölle« über Rom noch Herr wird – daß man mit dem »Jenseits« *das Leben tötet...* Nihilist und Christ: das reimt sich, das reimt sich nicht bloß...

59

Die ganze Arbeit der antiken Welt *umsonst:* ich habe kein Wort dafür, das mein Gefühl über etwas so Ungeheures ausdrückt. – Und in Anbetracht, daß ihre Arbeit eine Vorarbeit war, daß eben erst der Unterbau zu einer Arbeit von Jahrtausenden mit granitnem Selbstbewußtsein gelegt war, der ganze *Sinn* der antiken Welt um-sonst!... Wozu Griechen? wozu Römer? – Alle Voraussetzungen zu einer gelehrten Kultur, alle wissenschaftlichen *Methoden* waren bereits da, man hatte die große, die unvergleichliche Kunst, gut zu lesen, bereits festgestellt – diese Voraussetzung zur Tradition der Kultur, zur Einheit der Wissenschaft; die Naturwissenschaft, im Bunde mit Mathematik und Mechanik, war auf dem allerbesten Wege – der *Tatsachen-Sinn,* der letzte und wertvollste aller Sinne, hatte seine Schulen, seine bereits Jahrhunderte alte Tradition! Versteht man das? Alles *Wesentliche* war gefunden, um an die Arbeit gehn zu können – die Methoden, man muß es zehnmal sagen, *sind* das Wesentliche, auch das Schwierigste, auch das, was am längsten die Gewohnheiten und Faulheiten gegen sich hat. Was wir heute, mit unsäglicher Selbstbezwingung – denn wir haben alle die schlechten Instinkte, die christlichen, irgendwie noch im Leibe – uns zurückerobert haben, den freien Blick vor der Realität, die vorsichtige Hand, die Geduld und den Ernst im Kleinsten, die ganze *Rechtschaffenheit* der Erkenntnis – sie war bereits da! vor mehr als zwei Jahrtausenden bereits! *Und,* dazu gerechnet, der gute, der feine Takt und Geschmack! *Nicht* als Gehirn-Dressur! *Nicht* als »deutsche« Bildung mit Rüpel-Manieren! Sondern als Leib, als Gebärde, als Instinkt – als Realität mit einem Wort... *Alles umsonst!* Über Nacht bloß noch eine Erinnerung! – Griechen! Römer! die Vornehmheit des Instinkts, der Geschmack, die methodische Forschung, das Genie der Organisation und Verwaltung, der Glaube, der *Wille* zur Menschen-Zukunft, das große Ja zu allen Dingen als *imperium Romanum* sichtbar, für alle Sinne sichtbar, der große Stil nicht mehr bloß Kunst, sondern Realität, Wahrheit, *Leben* geworden... – Und nicht durch ein Natur-Ereignis über Nacht verschüttet! Nicht durch Germanen und andre Schwerfüßler niedergetreten! Sondern von listigen, heimlichen, unsichtbaren, blutarmen Vampyren zuschanden gemacht! Nicht besiegt – nur ausgesogen!... Die versteckte Rachsucht, der kleine Neid *Herr* geworden! Alles Erbärmliche, Ansich-Leidende, Von-schlechten-Gefühlen-Heimgesuchte, die ganze *Ghetto-Welt* der Seele mit einem Male *obenauf!* – – Man lese nur irgendeinen christlichen Agitator, den heiligen Augustin zum Beispiel, um zu begreifen, um zu *riechen,* was für unsaubere Gesellen damit obenauf gekommen sind. Man würde sich ganz und gar betrügen, wenn man irgendwelchen Mangel an Verstand bei den Führern der christlichen Bewegung voraussetzte – o sie sind klug, klug, bis zur Heiligkeit, diese Herren Kirchenväter! Was ihnen abgeht, ist etwas ganz anderes. Die Natur hat sie vernachlässigt – sie vergaß, ihnen eine bescheidne Mitgift von achtbaren, von anständigen, von *reinlichen* Instinkten mitzugeben... Unter uns, es sind nicht einmal Männer... Wenn der Islam das Christentum verachtet, so hat er tausendmal recht dazu: der Islam hat *Männer* zur Voraussetzung...

60

Das Christentum hat uns um die Ernte der antiken Kultur gebracht, es hat uns später wieder um die Ernte der *Islam*-Kultur gebracht. Die wunderbare maurische Kultur-Welt Spaniens, *uns* im Grunde verwandter, zu Sinn und Geschmack redender als Rom und Griechenland, wurde *niedergetreten* (– ich sage nicht von was für Füßen –), warum? weil sie vornehmen, weil sie Männer-Instinkten ihre Entstehung verdankte, weil sie zum Leben ja sagte auch noch mit den seltnen und raffinierten Kostbarkeiten des maurischen Lebens!... Die Kreuzritter bekämpften später etwas, vor dem sich in den Staub zu legen ihnen besser angestanden hätte – eine Kultur, gegen die sich selbst unser neunzehntes Jahrhundert sehr arm, sehr »spät« vorkommen dürfte. – Freilich, sie wollten Beute machen: der Orient war reich... Man sei doch unbefangen! Kreuzzüge – die höhere See-räuberei, weiter nichts! Der deutsche Adel, Wikinger-Adel im Grunde, war damit in seinem Elemente: die Kirche wußte nur zu gut, womit man deutschen Adel *hat*... Der deutsche Adel, immer die »Schweizer« der Kirche, immer im Dienste aller schlechten Instinkte der Kirche – aber *gut bezahlt*... Daß die Kirche gerade mit Hilfe deutscher Schwerter, deutschen Blutes und Mutes ihren Todfeindschafts-Krieg gegen alles Vornehme auf Erden durchgeführt hat! Es gibt an dieser Stelle eine Menge schmerzlicher Fragen. Der deutsche Adel *fehlt* bei-nahe in der Geschichte der höheren Kultur: man errät den Grund... Christentum, Alkohol – die beiden *großen* Mittel der Korruption...

An sich sollte es ja keine Wahl geben, angesichts von Islam und Christentum, so wenig als angesichts eines Arabers und eines Juden. Die Entscheidung ist gegeben; es steht niemandem frei, hier noch zu wählen. Entweder *ist* man ein Tschandala, oder man ist es *nicht*... »Krieg mit Rom aufs Messer! Friede, Freundschaft mit dem Islam«: so empfand, so *tat* jener große Freigeist, das Genie unter den deutschen Kaisern, Friedrich der Zweite? Wie? muß ein Deutscher erst Genie, erst Freigeist sein, um *anständig* zu empfinden? Ich begreife nicht, wie ein Deutscher je *christlich* empfinden konnte...

61

Hier tut es not, eine für Deutsche noch hundertmal peinlichere Erinnerung zu berühren. Die Deutschen haben Europa um die letzte große Kultur-Ernte gebracht, die es für Europa heimzubringen gab – um die der *Renaissance*. Versteht man endlich, *will* man verstehn, *was* die Renaissance war? Die *Umwertung der christlichen Werte,* der Versuch, mit allen Mitteln, mit allen Instinkten, mit allem Genie unternommen, die *Gegen*-Werte, die *vornehmen* Werte zum Sieg zu bringen... Es gab bisher nur *diesen* großen Krieg, es gab bisher keine entscheidendere Fragestellung als die der Renaissance – *meine* Frage ist ihre Frage –: es gab auch nie eine grundsätzlichere, eine geradere, eine strenger in ganzer Front und auf das Zentrum losgeführte Form des *Angriffs*! An der entscheidenden Stelle, im Sitz des Christentums selbst angreifen, hier die *vornehmen* Werte auf den Thron bringen, will sagen in die Instinkte, in die untersten Bedürfnisse und Begierden der daselbst Sitzenden *hinein*bringen... Ich sehe eine *Möglichkeit* vor mir von einem vollkommen überirdischen Zauber und Farbenreiz – es scheint mir, daß sie in allen Schaudern raffinierter Schönheit erglänzt, daß eine Kunst in ihr am Werke ist, so göttlich, so teufelsmäßig-göttlich, daß man Jahrtausende umsonst nach einer zweiten solchen Möglichkeit durchsucht; ich sehe ein Schauspiel, so sinnreich, so wunderbar paradox zugleich, daß alle Gottheiten des Olymps einen Anlaß zu einem unsterblichen Gelächter gehabt hätten – *Cesare Borgia als Papst*... Versteht man mich?... Wohlan, *das* wäre der Sieg gewesen, nach dem *ich* heute allein verlange –: damit war das Christentum *abgeschafft*! – Was geschah? Ein deutscher Mönch, Luther, kam nach Rom. Dieser Mönch, mit allen rachsüchtigen Instinkten eines verunglückten Priesters im Leibe, empörte sich in Rom *gegen* die Renaissance... Statt mit tiefster Dankbarkeit das Ungeheure zu verstehn, das geschehen war, die Überwindung des Christentums an seinem *Sitz* –, verstand sein Haß aus diesem Schauspiel nur seine Nahrung zu ziehn. Ein religiöser Mensch denkt nur an sich. – Luther sah die *Verderbnis* des Papsttums, während gerade das Gegenteil mit Händen zu greifen war: die alte Verderbnis, das *peccatum originale,* das Christentum saß *nicht* mehr auf dem Stuhl des Papstes! Sondern das Leben! Sondern der Triumph des Lebens! Sondern das große Ja zu allen hohen, schönen, verwegenen Dingen!... Und Luther *stellte die Kirche wieder her:* er griff sie an... Die Renaissance – ein Ereignis ohne Sinn, ein großes *Umsonst*! – Ah diese Deutschen, was sie uns schon gekostet haben! Umsonst – das war immer das *Werk* der Deutschen. – Die Reformation; Leibniz; Kant und die sogenannte deutsche Philosophie; die »Freiheits«-Kriege; das Reich – jedesmal ein Umsonst für etwas, das bereits da war, für etwas *Unwiederbringliches*... Es sind *meine* Feinde, ich bekenne es, diese Deutschen: ich verachte in ihnen jede Art von Begriffs- und Wert-Unsauberkeit, von *Feigheit* vor jedem rechtschaffnen Ja und Nein. Sie haben, seit einem Jahrtausend beinahe, alles verfilzt und verwirrt, woran sie mit ihren Fingern rührten, sie haben alle Halbheiten – Drei-Achtelsheiten! – auf dem Gewissen, an denen Europa krank ist – sie haben auch die unsauberste Art Christentum, die es gibt, die unheilbarste, die unwiderlegbarste, den Protestantismus auf dem Gewissen... Wenn man nicht fertig wird mit dem Christentum, die *Deutschen* werden daran schuld sein...

62

– Hiermit bin ich am Schluß und spreche mein Urteil. Ich *verurteile* das Christentum, ich erhebe gegen die christliche Kirche die furchtbarste aller Anklagen, die je ein Ankläger in den Mund genommen hat. Sie ist mir die höchste aller denkbaren Korruptionen, sie hat den Willen zur letzten auch nur möglichen Korruption gehabt. Die christliche Kirche ließ nichts mit ihrer Verderbnis unberührt, sie hat aus jedem Wert einen Unwert, aus jeder Wahrheit eine Lüge, aus jeder Rechtschaffen--heit eine Seelen-Niedertracht gemacht. Man wage es noch, mir von ihren »humanitären« Segnungen zu reden! Irgendeinen Notstand *abschaffen* ging wider ihre tiefste Nützlichkeit: sie lebte von Notständen, sie *schuf* Notstände, um *sich* zu verewigen... Der Wurm der Sünde zum Beispiel: mit diesem Notstande hat erst die Kirche die Menschheit bereichert! – Die »Gleichheit der Seelen vor Gott«, diese Falschheit, dieser *Vorwand* für die *rancunes* aller Niedriggesinnten, dieser Sprengstoff von Begriff, der endlich Revolution, moderne Idee und Niedergangs-Prinzip der ganzen Gesellschafts-Ordnung geworden ist – ist *christlicher* Dynamit... »Humanitäre« Segnungen des Christen-tums! Aus der *humanitas* einen Selbst-Widerspruch, eine Kunst der Selbstschändung, einen Willen zur Lüge um jeden Preis, einen Widerwillen, eine Verachtung aller guten und rechtschaffnen Instinkte herauszuzüchten! Das wären mir Segnungen des Christentums! – Der Parasitismus als *einzige* Praxis der Kirche; mit ihrem Bleichsuchts-, ihrem »Heiligkeits«-Ideale jedes Blut, jede Liebe, jede Hoffnung zum Leben austrinkend; das Jenseits als Wille zur Verneinung jeder Realität; das Kreuz als Erkennungszeichen für die unterirdischste Verschwörung, die es je gegeben hat – gegen Gesundheit, Schönheit, Wohlgeratenheit, Tapferkeit, Geist, *Güte* der Seele, *gegen das Leben selbst*...

Diese ewige Anklage des Christentums will ich an alle Wände schreiben, wo es nur Wände gibt – ich habe Buchstaben, um auch Blinde sehend zu machen... Ich heiße das Christentum den *einen* großen Fluch, die *eine* große innerlichste Verdorbenheit, den *einen* großen Instinkt der Rache, dem kein Mittel giftig, heimlich, unterirdisch, *klein* genug ist – ich heiße es den *einen* unsterblichen Schandfleck der Menschheit...

Und man rechnet die *Zeit* nach dem *dies nefastus,* mit dem dies Verhängnis anhob – nach dem *ersten* Tag des Christentums! – *Warum nicht lieber nach seinem letzten? – Nach heute? – Umwertung aller Werte!*

Titelliste Taschenbuch-Literatur-Klassiker

Bd. 1 *Abenteuer und Fahrten des Huckleberry Finn*, Mark Twain, Bd. 2 *Andersens Märchen*, Hans Christian Andersen, Bd. 3 *Anton Reiser*, Karl Philipp Moritz, Bd. 4 *Aus dem Leben eines Taugenichts*, Joseph Freiherr v. Eichendorff, Bd. 5 *Bahnwärter Thiel*, Gerhard Hauptmann, Bd. 6 *Bambi Eine Lebensgeschichte aus dem Walde*, Felix Salten, Bd. 7 *Bauern, Bonzen und Bomben*, Hans Fallada, Bd. 8 *Bel Ami*, Guy de Maupassant, Bd. 9 *Bergkristall*, Adalbert Stifter, Bd. 10 *Candide oder der Optimismus*, Voltaire, Bd. 11 *Caspar Hauser oder Die Trägheit des Herzens*, Jakob Wassermann, Bd. 12 *Dantons Tod*, Georg Büchner, Bd. 13 *Das Bildnis des Dorian Grey*, Oscar Wilde, Bd. 14 *Das Dschungelbuch*, Rudyard Kipling, Bd. 15 *Das Fräulein von Scuderi*, ETA Hoffmann, Bd. 16 *Das Gemeindekind*, Marie v. Ebner-Eschenbach, Bd. 17 *Das Heptameron*, *Margarete v. Navarra*, Bd. 18 *Märchenbriefbuch der heiligen Nächte*, Max Dauphtendey, Bd. 19 *Das Marmorbild*, Joseph v. Eichendorff, Bd. 20 *Das Schloss*, Franz Kafka, Bd. 21 *Das Urteil*, Franz Kafka, Bd. 22 *David Copperfield*, Charles Dickens, Bd. 23 *Der abenteuerliche Simplizissimus*, Grimmelshausen, Bd. 24 *Der arme Spielmann*, Franz Grillparzer, Bd. 25 *Der eingebildete Kranke*, Moliere, Bd. 26 *Der ewige Spießer*, Ödön v. Horváth, Bd. 27 *Der Fürst*, Nocolò Machiavelli, Bd. 28 *Der Glöckner von Notre Dame*, Victor Hugo, Bd. 29 *Der goldene Esel*, Apuleius, Bd. 30 *Der goldene Topf*, ETA Hoffmann, Bd. 31 *Der Graf von Monte Christo*, Alexandre Dumas, Bd. 32 *Der grüne Heinrich*, Gottfried Keller, Bd. 33 *Der kleine Häwelmann und andere Märchen*, Theodor Storm, Bd. 34 *Der kleine Lord*, Frances Hodgson Burnett, Bd. 35 *Der letzte Mohikaner*, James Fenimore Cooper, Bd. 36 *Der Prozess*, Franz Kafka, Bd. 37 *Der Sandmann*, ETA Hoffmann, Bd. 38 *Der Schimmelreiter*, Theodor Storm, Bd. 39 *Der Schuss von der Kanzel*, Conrad Ferdinand Meyer, Bd. 40 *Der Seewolf*, Jack London, Bd. 41 *Der seltsame Fall des Dr. Jekyll und Mr. Hyde*, Robert Louis Stevenson, Bd. 42 *Der Stechlin*, Theodor Fontane, Bd. 43 *Der Sturmheidhof (Sturmhöhe)*, Emily Brontë, Bd. 44 *Der Tor und der Tod*, Hugo v. Hofmannsthal, Bd. 45 *Der Weg ins Freie*, Arthur Schnitzler, Bd. 46 *Der zerbrochene Krug*, Heinrich v. Kleist, Bd. 47 *Deutsches Märchenbuch*, Ludwig Bechstein, Bd. 48 *Deutschland. Ein Wintermärchen*, Heinrich Heine, Bd. 49 *Die Abenteuer der sieben Schwaben*, Ludwig Aurbacher, Bd. 50 *Die Burg von Otranto*, Horace Walpole, Bd. 51 *Die drei Musketiere*, Alexandre Dumas, Bd. 52 *Die Elixiere des Teufels*, ETA Hoffmann, Bd. 53 *Die Geschichte meines Lebens*, Georg Ebers, Bd. 54 *Die Insel Felsenburg*, Johann Gottfried Schnabel, Bd. 55 *Die Judenbuche*, Annette v. Droste-Hülshoff, Bd 56. *Die Kameliendame*, Alexandre Dumas, Bd. 57 *Die Kartause von Parma*, Stendhal, Bd. 58 *Die Kreutzersonate*, Lew Tolstoi, Bd. 59 *Die Leiden des jungen Werther*, Johann Wolfgang v. Goethe, Bd. 60 *Die Leute von Seldvyla I*, Gottfried Keller, Bd. 61 *Die Leute von Seldvyla II*, Gottfried Keller, Bd. 62 *Die Marquise*, George Sand, Bd. 63 *Die Marquise von O.*, Heinrich v. Kleist, Bd. 64 *Die Memoiren der Fanny Hill*, John Cleland, Bd. 65 *Die Ratten*, Gerhard Hauptmann, Bd. 66 *Die Räuber*, Friedrich v. Schiller, Bd. 67 *Die Regentrude*, Theodor Storm, Bd. 68 *Die Reisen des Baron zu Münchhausen*, Bd. 69 *Die Schatzinsel*, Robert Louis Stevenson, Bd. 70 *Die Verlobten*, Allessandro Manzoni, Bd. 71 *Die Verwandlung*, Franz Kafka, Bd. 72 *Die Verwirrungen des Zöglings Törleß*, Robert Musil, Bd. 73 *Die Waffen nieder*, Berta von Suttner, Bd. 74 *Die Wahlverwandtschaften*, Johann Wolfgang v. Goethe, Bd. 75 *Don Carlos*, Friedrich v. Schiller, Bd. 76 *Eduards Traum*, Wilhelm Busch, Bd. 77 *Effi Briest*, Theodor Fontane, Bd. 78 *Egmont*, Johann Wolfgang v. Goethe, Bd. 79 *Ein Held unserer Zeit*, Michail Lermontoff, Bd. 80 *Einsichten und Ausblicke*, Gerhard Hauptmann, Bd. 81 *Emilia Galotti*, Gottold Ephraim Lessing, Bd. 82 *Erinnerungen aus galanter Zeit*, Giacomo Casanova, Bd. 83 *Erzählungen*, Wilhelm Busch, Bd. 84 *Es waren zwei Königskinder*, Theodor Storm, Bd. 85 *Essays*, Michel de Montaigne, Bd. 86 *Franz Sternbalds Wanderungen*, Ludwig Tieck, Bd. 87 *Fräulein Else*, Arthur Schnitzler, Bd. 88 *Frühlings Erwachen*, Frank Wedekind, Bd. 89 *Gedanken*, Blaise Pascal,

Bd. 90 *Gefährliche Liebschaften*, Pierre-Ambroise-François Choderlos de Laclos, Bd. 91 *Gegen den Strich*, Joris-Karl Huysmany, Bd. 92 *Geschichte des Fräuleins von Sternheim*, Sophie v. La Roche, Bd. 93 *Geschichte vom braven Kasperl und dem Annerl*, Clemens Brentano, Bd. 94 *Geschichten aus dem Wienerwald*, Ödön v. Horváth, Bd. 95 *Glanz und Elend der Kurtisanen*, Honore de Balzac, Bd. 96 *Glück und Unglück der berühmten Moll Flanders*, Daniel Defoe, Bd. 97 *Götz von Berlichingen*, Johann Wolfgang v. Goethe, Bd. *98 Gullivers Reisen*, Jonathan Swift, Bd. *99 Heidis Lehr und Wanderjahre*, Johann Spyri, Bd. 100 *Heinrich von Ofterdingen*, Novalis, Bd. 101 *Hiob Roman eines einfachen Mannes*, Joseph Roth, Bd. *102 Immensee*, Theodor Storm, Bd. 103 *Iphigenie auf Tauris*, Johann Wolfgang v. Goethe, Bd. 104 *Italienische Märchen*, Clemens Brentano, Bd. 105 *Ivannhoe*, Walter Scott, Bd. 106 Jahrmarkt der Eitelkeiten, William Makepaece Thackeray, Bd. 107 *Jane Eyre*, Charlotte Brontë, Bd. 108 *Jugend ohne Gott*, Ödön v. Horvath, Bd. 109 *Jürg Jenatsch*, Conrad Ferdinand Meyer, Bd. 110 *Kabale und Liebe*, Friedrich v. Schiller, Bd. 111 *Kasimir und Karoline*, Ödön v. Horvath, Bd. 112 *Kinder- und Hausmärchen*, Gebrüder Grimm, Bd. 113 *Kleiner Mann, was nun*, Hans Fallada, Bd. 114 *König Alkohol*, Jack London, Bd. 115 *Krambambuli*, Marie Ebner-Eschenbach, Bd. 116 *Lausbubengeschichten*, Ludwig Thoma, Bd. 117 *Lavinia - Pauline - Kora*, George Sand, Bd. 118 *Leben und Lüge*, Detlev von Liliencron, Bd. 119 *Lebensansichten des Katers Murr*, ETA Hoffmann, Bd. 120 *Lenz. Der hessische Landbote*, Georg Büchner, Bd. 121 *Lieutenant Gustl*, Arthur Schnitzler, Bd. 122 *Lord Jim*, Joseph Conrad, Bd. 123 *Luise*, Johann Heinrich Voß, Bd. 124 *Madame Bovary*, Gustave Flaubert, Bd. 125 *Märchen*, Wilhelm Hauff, Bd. 126 *Maria Stuart*, Friedrich v. Schiller, Bd. 127 *Max Havelaar*, Multatuli, Bd. 128 *Meister Floh*, ETA Hoffmann, Bd. 129 *Michael Kohlhaas*, Heinrich v. Kleist, Bd. 130 *Minna von Barnhelm*, Gotthold Ephraim Lessing, Bd. 131 *Moby Dick*, Hermann Melville, Bd. 132 *Nathan, der Weise*, Gotthold Ephraim Lessing, Bd. 133-1 und 133-2 *Nils Holgersson wunderbare Reise*, Selma Lagerlöf, Bd. 134 *Niels Lyne*, Jens Peter Jacobsen, Bd. 135 *Nußknacker und Mausekönig*, ETA Hoffmann, Bd. 136 *Oliver Twist*, Charles Dickens, Bd. 137 *Onkel Toms Hütte*, Herriett Beecher Stowe, Bd. 138 *Peter Schlemihls wundersame Geschichte*, Adalbert v. Chamisso, Bd. 139 *Peterchens Mondfahrt*, Gerdt v. Bassewitz, Bd. 140 *Pinocchio*, Carlo Collodi, Bd. 141 *Reinecke Fuchs*, Johann Wolfgang v. Goethe, Bd. 142 *Rheinmärchen*, Clemens Brentano, Bd. 143 *Rinaldo Rinaldini*, Christian August Vulpius, Bd. 144 *Robinson Crusoe*, Daniel Defoe, Bd. 145 *Romeo und Julia*, William Shakespeare Bd. 146 *Schach von Wuthenow*, Theodor Fontane, Bd. 147 *Schachnovelle*, Stefan Zweig, Bd. 148 *Schatzkästlein des rheinischen Hausfreundes*, Johann Peter Hebel, Bd. 149 *Schelmuffskys Reisebeschreibung*, Christian Reuter, Bd. 150 *Schloss Gripsholm*, Kurt Tucholsky, Bd. 151 *Siebenkäs*, Jean Paul, Bd. 152 *Sternstunden der Menschheit*, Stefan Zweig, Bd. 153 Tao te king, Laotse, Bd. 154 *Till Eulenspiegel*, Hermann Bote, Bd. 155 *Tolldreiste Geschichten*, Honorè de Balzac, Bd. 156 *Tom Jones, Geschichte eines Findelkindes*, Henry Fielding, Bd. 157 *Tom Sawyers Abenteuer und Streiche*, Mark Twain, Bd. 158 *Troquato Tasso*, Johann Wolfgang v. Goethe, Bd. 159 *Traumnovelle*, Arthur Schnitzler, Bd. 160 *Trost der Philosophie*, Boethius, Bd. 161 *Über den Umgang mit Menschen*, Adolph Freiherr v. Knigge, Bd. 162 *Uli der Knecht*, Jeremias Gotthelf, Bd. 163 *Uli der Pächter*, Jeremias Gotthelf, Bd. 164 *Ungeduld des Herzens*, Stefan Zweig, Bd. 165 *Ut oler Welt*, Wilhelm Busch, Bd. 166 *Vater Goriot*, Honorè de Balzac, Bd. *167 Väter und Söhne*, Ivan Sergejeviç Turgenev, Bd. 168 *Verlorene Illusionen*, Honorè de Balzac, Bd. 169 *Von der Freiheit eines Christenmenschen*, Martin Luther – Bd. 170 *Von der Ursache, dem Prinzip und dem Einen*, Bruno Giordano, Bd. 171 *Vor Sonnenuntergang*, Gerhard Hauptmann, Bd. 172 *Walden oder Leben in den Wäldern*, Henry D. Thoreau, Bd. 173 *Wilhelm Meisters Lehrjahre*, Johann Wolfgang v. Goethe, Bd. 174 *Wilhelm Meisters Wanderjahre*, Johann Wolfgang v. Goethe, Bd. 175 *Wilhelm Tell*, Friedrich v. Schiller

Von demselben Autor/Herausgeber sind bei BOD bereits erschienen:

Alle Tage Feiertage
ISBN 978-3-7386-0409-2, 280 S.
Allerlei Anlässe zum Aktionieren, Feiern und Gedenken

100 Kinderlieder
ISBN 978-3-7322-3024-2, 112 S.
100 Kinderlieder, altbekannt und immer wieder gern gesungen

Liederbuch (Deutsche Volkslieder)
ISBN 978-3-8423-6702-9, 312 S.
300 Volkslieder aus 8 Jahrhunderten und aller Herren Länder

Sagen und Erzählungen aus Marburg und Oberhessen
ISBN 978-3-7347-8909-0 , 164 S.
Allerlei Schwänke und Geschichten aus dem Marburger Land

Tausenderlei über die Freiheit
ISBN 978-3-7322-9721-4, 140 S.
Mehr als 1000 Zitate, Bonmots und Aphorismen über die Freiheit

Tausenderlei über das Glück
ISBN 978-3-7322-5525-2, 160 S.
Mehr als 1000 Zitate, Bonmots und Aphorismen über das Glück

Tausenderlei über die Liebe
ISBN 978-3-8423-7474-4, 140 S.
Mehr als 1000 Zitate, Bonmots und Aphorismen zum Thema Nr. Eins

Weihnachtsgedichte– Verse, Reime und Gedichte zum Fest
ISBN 978-3-7347-6393-9, 352 S.
290 Werke bekannter und unbekannter Dichter zum Weihnachtsfest

Weihnachtsgeschichten - Erzählungen und Märchen
ISBN 978-3-7347-6404-2, 392 S.
85 kurze und lange Texte zur Weihnachtszeit

Weihnachtsgeschichten 2
ISBN 978-3-7481-7533-9, 360 S.
35 kürzere und längere Geschichten zur Weihnacht

100 Weihnachtslieder
ISBN 978-3-7322-3375-5, 112 S.
100 Weihnachtslieder aus der Heimat und der ganzen Welt